Les *représentations interculturelles* en didactique des langues-cultures

Enquêtes et analyses

Collection Langue & Parole
Recherches en Sciences du Langage
dirigée par Henri Boyer

La collection *Langue & Parole* se donne pour objectif la publication de travaux, individuels ou collectifs, réalisés au sein d'un champ qui n'a cessé d'évoluer et de s'affirmer au cours des dernières décennies, dans sa diversification (théorique et méthodologique), dans ses débats et polémiques également. Le titre retenu, qui associe deux concepts clés du *Cours de Linguistique Générale* de Ferdinand de Saussure, veut signifier que la collection diffusera des études concernant l'ensemble des domaines de la linguistique contemporaine : descriptions de telle ou telle langue, parlure ou variété dialectale, dans telle ou telle de leurs composantes ; recherches en linguistique générale mais aussi en linguistique appliquée et en linguistique historique ; approches des pratiques langagières selon les perspectives ouvertes par la pragmatique ou l'analyse conversationnelle, sans oublier les diverses tendances de l'analyse de discours.

Il s'agit donc bien de faire connaître les développements les plus actuels d'une science résolument ouverte à l'interdisciplinarité et qui cherche à éclairer l'activité de langage sous tous ses angles.

Déjà parus

Florence LEFEUVRE, *La phrase averbale en français*, 1999.
Shirley CARTER-THOMAS, *La cohérence textuelle. Pour une nouvelle pédagogie de l'écrit*, 2000.
Corine ASTESANO, *Rythme et accentuation en Français*, 2001.
Iva NOVAKOVA, *Sémantique du futur. Etude comparée français-bulgare*, 2001.
Valérie BERTY, *Littérature et voyage au XIXe siècle*, 2001.
Alain COÏANIZ, *Apprentissage des langues et subjectivité*, 2001.
Ursula BECK, *La linguistique historique et son ouverture vers la typologie*, 2001.
Jeannine GERBAULT, *TIC et diffusion du français*, 2002.
Milagros EZQUERRO, *Fragments sur le texte*, 2002.
Kofi ADU MANYAH, *Introduction à la phonétique et la phonologie africaines*, 2002.
Anne-Marie HOUDEBINE-GRAVAUD (dir.), *L'imaginaire linguistique*, 2002.
Henri BOYER, *De l'autre côté du discours*, 2003
Alda MARI, *Principes d'identification et de catégorisation du sens*, 2003.
Mary ROWLAND-OKE, *Description systématique de la langue obolo-andoni*, 2003.

M-Carmen ALÉN GARABATO, Nathalie AUGER,
Patricia GARDIES, Eva KOTUL

Les *représentations interculturelles* en didactique des langues-cultures

Enquêtes et analyses

L'Harmattan
5-7, rue de l'École-Polytechnique
75005 Paris
FRANCE

L'Harmattan Hongrie
Hargita u. 3
1026 Budapest
HONGRIE

L'Harmattan Italia
Via Bava, 37
10214 Torino
ITALIE

ISBN : 2-7475-4967-4

Présentation

Ce volume rassemble plusieurs contributions individuelles à une recherche collective qui s'inscrit dans deux champs disciplinaires connexes et même interdépendants (et dont s'occupe à parité le Laboratoire DIPRALANG, d'où sont issues les contributions présentées) : les sciences du langage (plus spécifiquement la sociolinguistique) et la didactologie des langues-cultures. Des travaux d'enseignants-chercheurs comme de jeunes chercheurs, doctorants ou docteurs, issus de cette recherche collective ont été diffusés dans divers ouvrages et numéros de revues, en premier lieu dans la revue *Travaux de didactique du français langue étrangère*.

La présente publication, dans la collection "Langue et Parole", de certains travaux orientés vers le traitement des *représentations* (inter)culturelles et (inter)linguistiques, dans la perspective de l'enseignement-apprentissage des langues-cultures étrangères (pour l'essentiel du Français Langue Étrangère), confirme l'une des spécialités montpelliéraines en la matière, spécialité partagée du reste avec d'autres équipes, en France et à l'étranger et dont on a pu apprécier l'intérêt au travers d'une production importante au cours des dernières années.

Cette publication s'inscrit ainsi dans une large réflexion, transdisciplinaire, dont s'est enrichie la didactologie des langues-cultures, une réflexion qui embrasse plusieurs aspects de ce vaste domaine théorique et méthodologique : l'image, fortement soumise au stéréotypage, de la langue-culture concernée, la perception (également stéréotypée) de l'apprentissage de cette même langue-culture (surtout la langue) ou encore les imaginaires en face à face / en confrontation dans la démarche interculturelle (aujourd'hui pleinement associée à l'approche communicative), imaginaires dans lesquels les stéréotypes ont une place de choix.

Les diverses dimensions de la question des *représentations* dans le champ disciplinaire qui intéresse les travaux rassemblés ne trouvent pas forcément dans l'ouvrage un traitement équitable, même si l'ensemble apporte, du moins nous l'espérons, des éclairages et des informations utiles et concourt à l'intelligence d'une problématique complexe : d'autres publications (en préparation) viendront compléter les observations et analyses proposées ici.

Henri Boyer

Atelier de Recherche en Sociolinguistique

et d'étude des représentations (ARSer)

Laboratoire DIPRALANG (EA 739) - Université Montpellier III

M. Carmen Alén Garabato

LES REPRÉSENTATIONS INTERCULTURELLES ET LES IMAGES DES LANGUES ROMANES EN MILIEU ÉTUDIANT ESPAGNOL (GALICIEN)

La finalité de cette étude est de connaître les représentations interculturelles et sociolinguistiques en vigueur parmi les étudiants de l'Université de Santiago de Compostela. Je vais m'intéresser aux images des langues romanes (et en conséquence des communautés linguistiques concernées) qu'ont ces étudiants.

On sait que les *représentations sociales* (Moscovici 1961 ; Abric 1994) qui ont cours au sein d'une communauté affectent aussi les images de la langue parlée par ses membres. Ces images liées à chaque langue en particulier n'ont aucune base scientifique (Jacquart 1997 : 177) : elles configurent une série d'attitudes qui sont souvent au centre des motivations qui déterminent le choix d'une langue comme objet d'étude et le processus d'enseignement-apprentissage.

Le discours qu'une société tient sur une langue dépend de nombreux critères d'appréciation (« économiques », « sociaux », « *épistémiques* », « affectifs »...) autant de la langue en question que de ses locuteurs ou même de l'espace physique où elle est parlée. Le futur apprenant d'une langue[1] est conditionné par tous ces critères ; sur le

---

[1] Récemment on a publié de nombreux travaux sur les images des langues chez les apprenants. Voir par exemple Baruch et alii 1995 et Billiez 1996.

marché linguistique[2], sera plus cotée la langue dont l'image répond le mieux à ces questions (et à d'autres) : est-ce une langue qui donne accès à un travail ? ses locuteurs ont-ils un niveau social ou un pouvoir économique attractifs ? quelle est la richesse culturelle ou la valeur esthétique de cette langue ? quelles ont été les relations historiques avec le(s) pays où elle est parlée ?... Ou même d'autres critères encore plus subjectifs : est-ce une langue facile ou difficile ? quelles sont les relations personnelles du sujet avec cette langue ou avec le(s) pays où elle est parlée ? est-ce la langue d'un pays « exotique » ?...[3]

L'idée de faire ce travail m'est venue de l'observation du succès ou de l'insuccès que certaines langues étrangères ont parmi les étudiants de l'Université de Santiago de Compostela. Le champ d'étude était riche : huit langues romanes (ainsi que trois germaniques) dont six étrangères sont offertes à la Faculté de Philologie comme matière optionnelle (qui peut être choisie par les étudiants des différentes sections de cette faculté ou autres comme matière libre) appelée « deuxième langue » (ou « troisième » pour les étudiants qui en font deux). Les langues que j'ai retenues pour mon analyse sont le catalan, le français, l'italien, l'occitan, le portugais et le roumain, c'est-à-dire les six langues romanes étrangères en Galice.

Avec l'aide des professeurs de chaque langue j'ai fait parvenir aux étudiants un questionnaire au début des années universitaires 1997-98 et 1998-99 et j'ai pu obtenir 536 réponses (193 la première année et 343 la deuxième). La distribution par section d'origine et par langue-matière qu'ils étaient en train d'apprendre était la suivante :

[2] J'emprunte l'expression à Bourdieu (« Vous avez dit populaire » *Actes de la recherche en sciences sociales*, 46, mars, 1983 : 102-103) mais avec un sens légèrement différent.
[3] Je suis en les adaptant les critères établis par Louise Dabène (1997 : 19).

Section d'origine	réponses
Non-réponse	6
Philologie allemande	56
Philologie française	13
Philologie galicienne	64
Philologie anglaise	175
Philologie italienne	3
Philologie romane	5
Philologie portugaise	5
Philologie hispanique	94
Autres facultés	115
TOTAL	536

2e/3e langue	réponses
catalan	65
français	200
italien	175
occitan	7
portugais	61
roumain	28
TOTAL	536

Le questionnaire

Le questionnaire était articulé en 4 parties aux finalités différentes.

1. Identification de l'étudiant. On demandait aux étudiants de s'identifier : nom (optionnel), sexe, section d'origine, lieu de naissance, endroit où il avait fait ses études primaires et secondaires, etc.

2. Les rapports de l'étudiant avec la langue. C'était surtout important de savoir si l'étudiant avait déjà eu des contacts avec la langue et à quel moment.

3. Les images du pays (ou communauté) où l'on parle principalement chaque langue. On demandait aux étudiants d'écrire les cinq premiers mots, associés aux différents pays, auxquels ils pensaient.

4. Les raisons du choix de telle langue. Les étudiants devaient noter de 0 (le mois important) à 8 (le plus important) une série de 9 raisons possibles de ce choix. Cette question était bien sûr inspirée par les critères cités plus haut.

Il n'est peut-être pas inutile de rappeler que Santiago de Compostela est la capitale administrative de la *Comunidade Autónoma Galega*, dans laquelle deux langues sont co-officielles (depuis 1983) : le galicien et le castillan. D'autres caractéristiques de cette communauté seront rappelées au long de ce travail pour essayer de mieux comprendre les images des différents pays et langues.

Le français : la langue rêvée pour dire « je t'aime »

Le français a été pendant longtemps la langue étrangère par excellence dans l'enseignement primaire et secondaire espagnol, suivie de très loin par l'anglais : sa maîtrise ou sa simple connaissance était un trait de distinction et même de prestige culturel. Les choses ont changé, depuis au moins une trentaine d'années cette place a été prise par l'anglais, qui est enseigné massivement aux enfants et adolescents espagnols. La « langue de Molière » a presque disparu de l'enseignement officiel au moins comme première langue étrangère. Elle continue à être pourtant aujourd'hui la seule deuxième langue étrangère présente dans les collèges et lycées, et dans ce rôle secondaire elle est en train de progresser.

Dans la matière universitaire qui nous concerne (2e/3e langue), elle est une des langues les plus choisies. En principe, les étudiants enquêtés ont déjà eu l'opportunité théorique (mais pas toujours vraie dans la réalité) d'étudier le français dans l'enseignement primaire et secondaire, en concurrence avec l'anglais. Cela explique que 46 % des 200 étudiants de français qui ont répondu à notre enquête avaient déjà des connaissances de cette langue, la plupart acquises dans l'enseignement primaire et secondaire, et moins de 5 % dans un pays francophone. Par ailleurs, il faut aussi rappeler que la Galice est une région qui a vécu une forte émigration vers l'Amérique et aussi vers l'Europe, et qu'un nombre important d'étudiants a pu avoir, pour des raisons familiales, des contacts avec des pays francophones : la France, la Suisse, la Belgique, ou même le Canada (Quebec) (voir par exemple, Santos Rego 1997).

L'une des caractéristiques de l'émigration galicienne vers des pays de l'Europe est le retour des familles ou d'une partie (parfois le père reste encore quelques années à l'étranger) en Galice dès que les enfants sont en âge d'aller au lycée pour éviter leur intégration définitive au pays d'accueil. Cela fait qu'un nombre important d'étudiants ont passé une étape de leur vie dans un pays étranger, dont très souvent la Suisse, la France, la Belgique (mais aussi l'Allemagne ou l'Angleterre).

Le groupe le plus important de mots recueillis par le procédé des mots associés[4] fait référence au patrimoine culturel, historique (et donc stable) ou actuel. Il est clair que l'emblème le plus présent et qui représente le mieux la francité pour les étudiants galiciens est la « Tour Eiffel » (citée par 4 étudiants sur 10). D'autres éléments du patrimoine architectural, toujours parisiens, viennent à l'esprit des étudiants quand ils pensent à la France : les « Champs Élysées », « Notre-Dame », le « musée du Louvre »... Par contre la francité ne semble pas être représentée par une personne en particulier, mais par un nombre assez élevé de personnages très différents, historiques ou actuels, autant de la politique que du cinéma, de la musique, de la littérature (écrivains ou personnages de fiction) ou du sport. Ceux pour lesquels il y aurait une très légère unanimité seraient « Napoléon », « Chirac » et « Mitterrand ». Le monde de la mode, des couturiers, des parfums et du luxe fournissent une autre représentation de la France, qui semble n'exister qu'à travers « Paris » (cité presque par 1 étudiant sur 2). Les autres mentions de toponymes sont toujours peu importantes et très variées. La France est aussi représentée par sa gastronomie traditionnelle : le « vin », le « champagne », le « fromage » (sans précisions), les « croissants » et les « crêpes ».

En général la France est perçue par les étudiants galiciens comme un beau pays, moderne et raffiné. Et les Français ? Le **stéréotype**[5] France=amour est l'un des plus présents, mais cette sympathie pour le pays ne concerne pas toujours le peuple français. Il est vrai qu'il existe chez ces étudiants une représentation des Français comme des gens « gentils », même « affectueux » et « accueillants », mais elle est

[4] D'une manière générale je traduis (entre guillemets) les mots utilisés dans les questionnaires par les étudiants.

[5] Le stéréotype est un type de représentation, probablement la plus réductrice de la réalité. Rhuth Amossy l'a défini comme le « prêt-à-porter de l'esprit » (Amossy 1991 : 9). C'est l'image préconçue que nous nous faisons de la réalité et qui nous permet le mieux d'appréhender le quotidien et de donner un sens au monde qui nous entoure (voir aussi Baruch et alii 1995 ; De Carlo 1997).

contrecarrée par le stéréotype du mauvais caractère des Français, qui les représente comme des gens « antipathiques », « arrogants » (et même « ridicules »), « désagréables », « méfiants », « intolérants », « racistes » et surtout « chauvins ». Les étudiants galiciens n'économisent pas les adjectifs qui caractérisent de façon négative, parfois même insultante, le peuple français. Paradoxalement les étudiants qui sont en train d'apprendre la langue partagent aussi ce stéréotype négatif dans la même proportion que le reste, ce qui montre le degré d'implantation de cette représentation figée. Il faut pourtant dire qu'elle est minoritaire et ne concernerait que 8 % des étudiants. Par ailleurs, on l'a dit, elle se combine avec d'autres représentations positives, ou au moins neutres, et elle est en contradiction avec la représentation, également majoritaire, qui dessine la France avec la forme d'un cœur.

Pourquoi étudier donc la langue française ? Cette double image à laquelle je viens de faire allusion explique avec un poids presque égal les trois motivations principales pour lesquelles les étudiants se décident à étudier le français : la première par ordre d'importance est le profit professionnel éventuel que les étudiants comptent tirer de cet apprentissage, profit assez indéterminé dans la plupart des cas (le fait de connaître différents idiomes est toujours important, la langue française est l'une des plus importantes...) mais concrétisé dans d'autres : avoir accès à la culture française pour de raisons professionnelles, le projet d'exercer une profession dans laquelle le français est requis, ou simplement se préparer à suivre d'autres études. Cette motivation pratique est spécialement importante mais aussi le critère esthétique chez les étudiants qui viennent d'autres facultés, autres que philologie, pour suivre les cours de français.

La deuxième motivation, presque aussi importante que celle-ci est l'appréciation du français comme une langue agréable à écouter ou à parler. Cette raison est tout à fait en rapport avec l'image de la France fixée sur Paris, l'amour et le raffinement et avec le fait que divers mots français sont cités par les étudiants parmi les mots associés demandés, ce qui montre déjà un certain plaisir à reproduire des unités lexicales de cette langue (plaisir que l'on retrouvera aussi pour l'italien).

La troisième raison est en rapport avec l'utilité du français pour voyager à l'étranger.

Si l'on fait la différenciation par sexes ce sont les femmes qui manifestent le plus clairement les raisons pour lesquelles elles ont voulu apprendre le français : critère esthétique et profit professionnel au même niveau, mais est aussi importante pour elles l'utilité du français pour voyager à l'étranger. Les hommes semblent avoir choisi la langue française pour plusieurs raisons : profit professionnel d'abord, critère esthétique ensuite, et puis pour la proximité du français à leur première langue étrangère, pour pouvoir voyager à l'étranger ou pour la proximité du français avec le castillan ou avec le galicien.

On l'a vu, le degré de stéréotypisation du pays et de la langue est assez important et pour beaucoup d'étudiants la France est Paris et la Tour Eiffel. Par contre ils ont une connaissance assez importante de la culture française, même de la plus actuelle. Cela montre que ce pays les intéresse. Le sentiment anti-français, traditionnel chez les Espagnols, n'est pas absent, mais, on l'a vu, ne se retrouve que chez une minorité et se mélange souvent avec un sentiment d'admiration, ce qui indique qu'il s'agit d'un stéréotype qui n'obéit pas à des raisons objectives, sauf peut-être pour ce qui concerne l'influence des conflits franco-espagnols récents qui n'ont pas aidé à réduire ce sentiment de méfiance entre voisins.

On pourrait conclure que le français est la langue d'un pays attirant, culturellement et touristiquement, que c'est aussi une belle langue et qui offre des avantages professionnels (cf. Pugibet 1983).

Le catalan[6] : la langue de l'économie, de la modernité et du pouvoir

Comme la Galice, la Catalogne a une *langue propre* qui est cooficielle avec le castillan. Cette communauté autonome espagnole a joué un rôle important et a toujours été à l'avant-garde des mesures de politique linguistique en Espagne, adoptées ensuite par les deux autres communautés autonomes historiques avec *langue propre* (la Galice et le Pays Basque). C'est une communauté riche, industrielle et dotée d'un important patrimoine culturel, qui est devenue un élément clé de la politique nationale.

---

[6] Pour une analyse plus complète voir Alén Garabato 1999.

Le catalan est une langue de plus en plus demandée à l'Université de Santiago de Compostala. Si les contacts de ces étudiants avec le catalan écrit peuvent être assez réduits car il ne fait pas l'objet d'un enseignement scolaire, ils ont entendu parler le catalan à la télé (quand les hommes politiques de cette communauté le parlent on sous-titre souvent leurs déclarations). En autre, la Catalogne a reçu, surtout dans les années 60 et 70, une émigration venue du reste de l'Espagne, dont beaucoup de Galiciens attirés par l'industrialisation. La crise économique des années 70 et la réduction de la demande de travail ont eu comme conséquence le retour de beaucoup d'émigrants et de leurs familles en Galice. Cela se traduit par une présence relativement importante d'étudiants qui sont nés ou qui ont fait leurs études primaires et /ou secondaires en Catalogne et aussi au Pays Valencian et aux Baléares (25 %).

Les mots reccueillis par la technique de la libre association montrent des sentiments contradictoires vers la communauté et le peuple catalans : ils combinent l'envie, l'admiration et le rejet. Les Catalans sont caractérisés par leur rapport à l'argent : ils ne pensent qu'au profit économique, ils sons « avares » et « intéressés »[7]. En plus, les Catalans sont, d'après nos étudiants, « fermés », « désagréables », « élitistes », « égoïstes »...[8]

Par contre, le fort sentiment nationaliste des Catalans donne une image soit positive (nationalisme légitime) soit négative (nationalisme excessif), mais qui ne laisse pas indifférents les étudiants galiciens, eux aussi membres d'une communauté qui a des velléités nationalistes.

Mais, malgré ces stéréotypes, l'image de la communauté catalane n'est pas négative, bien au contraire : pour beaucoup d'étudiants il s'agit d'une communauté « importante », « efficace », « moderne » et « exemplaire ». Cette image, comme c'était le cas pour la France et les Français, cohabite donc avec une représentation des Catalans nettement négative.

---

[7] Ce stéréotype est très répandu en Espagne et a déjà été constaté en 1981 par le sociologue José Luis Sangrador García (1981).

[8] C'est une représentation largement diffusée en Espagne : voir, par exemple Tove Lipponen (2000) : *50 consells per no semblar gaire català*, Ed. Columna, Barcelona.

À la différence de ce que j'ai constaté pour les étudiants de français, ceux qui sont en train d'apprendre le catalan ne partagent pas le stéréotype négatif dont il vient d'être question : pour eux, même si les Catalans sont « un peu avares », la Catalogne est une communauté « charmante », « belle », « moderne », innovatrice ».... ce qui ne peut éveiller chez eux que de l'admiration et de l'envie.

Le personnage qui représente le mieux la Catalogne et les Catalans est sans doute le président de la Communauté Autonome, « Jordi Pujol » (cité par 20 % des étudiants), ce qui n'est pas étonnant si l'on observe sa présence dans les médias, comme porte-parole des intérêts catalans, et son importance (décisive ces dernières années) dans la politique nationale. « Gaudi », le grand architecte moderniste catalan, et son ouvrage le plus important (la cathédrale de la « Sagrada Familia ») représentent aussi la Catalogne pour plus du 20 % des enquêtés. Importantes aussi sont les citations des joueurs et des équipes de football, ainsi que d'autres personnages célèbres (« Dalí », « Miró », « Montserrat Caballé », etc.)

Et si le personnage catalan le plus représentatif est le Président, la ville la plus citée est la capitale : « Barcelona », citée par 37 % d'étudiants. D'autres toponymes, en rapport avec la mer, sont aussi représentatifs, mais beaucoup moins fréquents : « Mediterráneo », « Salou », « Costa Brava », « Lloret de Mar »... D'autres toponymes comme « Port Aventura » ou « Ramblas » sont cités par un nombre important d'étudiants.

Il faut aussi faire allusion à quelques citations du mot Europa, en rapport avec le sentiment d'admiration et la perception de la Catalogne comme un pays moderne et dynamique.

Les représentations interculturelles sont marquées par trois événements importants dont la répercussion concerne toute l'Espagne, par ordre d'importance : les péripéties du *Barça* (la principale équipe de football catalane, parmi les meilleures d 'Espagne), les « Jeux Olympiques » et les « noces de l'infante Cristina ».

La langue, contrairement à ce que l'on pourrait imaginer, ne semble pas être ce qui représente le mieux la Catalogne, ni pour les étudiants de catalan ni pour le reste (peut-être par une normalité déjà assumée) : à part le mot *catalan* (qui, en espagnol et en galicien, peut désigner aussi bien l'habitant que la langue) l'on ne trouve que très peu d'allusions à la situation linguistique (« langue propre », « langue romane », « loi [de normalisation] du catalan », « normalisation » et « normativisation »...). Et, contrairement à ce que l'on trouve dans les mots cités pour la France ou pour l'Italie, les mentions de mots en langue catalane sont anecdotiques. Les étudiants ne semblent pas éprouver le même plaisir lorsqu'ils répètent des mots en catalan que quand il s'agit de mots italiens ou français, malgré leur considération pour le catalan, on le verra, comme langue agréable à parler ou à écouter.

Il ne semble pas non plus que les étudiants aient une image folklorique de la Catalogne, si l'on en juge par les mots qu'ils citent et par les rares occurrences de ce champ (*sardana, butifarra, pan amb tomàquet*...).

Les images que les étudiants ont de la Catalogne déterminent aussi les raisons qui les ont menés à étudier la langue catalane : son image de communauté riche et développée explique que la première motivation, par ordre d'importance soit le profit professionnel éventuel que les étudiants en comptent tirer. La plupart des étudiants qui expliquent comment ils vont obtenir ce profit manifestent leur souhait d'aller vivre un jour dans cette Communauté (ou dans d'autres Communautés catalanophones), s'y installer, travailler, se présenter à des concours ou suivre des études. On apprécie aussi un fort sentiment de proximité avec la langue et avec les pays catalans lié à des raisons personnelles (un nombre important d'étudiants y ont, ou y ont eu, un ou plusieurs membres de leur famille) et aussi à la certitude de partager une histoire parallèle, la Catalogne et la Galice étant des *communautés historiques* de l'État espagnol. À tout cela il faut ajouter un fort sentiment d'admiration pour la façon dont la Catalogne a su mener sa politique linguistique (et la politique en général), sentiment très marqué surtout chez les étudiants qui viennent de la section de philologie galicienne, et donc souvent des militants galeguistes.

Ces motivations expliquent aussi que l'origine la plus fréquente des étudiants qui font du catalan soit pour un quart la section de philologie galicienne et pour un tiers d'autres facultés (ils viennent apprendre une langue dont ils comptent obtenir un profit professionnel).

Finalement, le critère esthétique semble avoir aussi été important, mais il faut signaler que seulement 16 % des étudiants considèrent qu'il s'agit là de la première ou deuxième motivation (parmi les 9 proposées).

Et, encore une fois, le fait qu'ils ne citent presque pas de mots dans cette langue me fait penser que cette appréciation du catalan comme étant une belle langue n'est pas très importante.

On peut conclure que le catalan est une langue très valorisée par les étudiants galiciens grâce à l'importance économique et sociale de la Communauté Autonome de Catalogne. C'est une langue qui peut permettre l'accès à un emploi, et cela pousse un nombre de plus en plus important d'étudiants à l'apprendre. Il est significatif que seulement 22 % des étudiants enquêtés aient choisi une autre langue les années précédentes dans cette matière de « deuxième langue », ce qui montre l'importance qu'ils accordent à son étude.

Le portugais : la langue du « voisin pauvre »

On peut considérer le Portugal comme le fils émancipé ou encore le frère de la Galice. Les deux pays ont vécu ensemble un Moyen Âge prestigieux pendant lequel fut produite une littérature remarquable, comparable à celle des troubadours occitans, dite *galego-portuguesa.* Mais, malgré leurs origines communes et malgré la proximité géographique, Galiciens et Portugais ont vécu ensuite, et pour des raisons politiques, presque sans contact pendant des siècles. Au moment de sa normalisation (1983) le galicien a choisi une orthographe proche du castillan (langue avec laquelle il partage des siècles d'histoire après le Moyen Âge) et éloignée de celle du portugais (avec lequel il partage ses origines), même si cela n'a pas fait l'unanimité des militants de la langue. Les Galiciens ont alors eu peu de contacts avec les Portugais, et ce n'est que très récemment que les premiers ont commencé à s'intéresser à la culture et au folklore de leurs voisins. Les rapports touristiques et commerciaux entre les deux peuples sont pourtant importants depuis des années.

Tout cela trouve un écho dans les réponses des étudiants, puisque seulement 13 % avaient des connaissances du portugais avant de choisir cette langue.

Les mots associés recueillis nous montrent que le Portugal est connu surtout à travers ses villes et villages les plus touristiques. La statistique nous indique une moyenne d'un toponyme par personne enquêtée, et que 40 % des étudiants centrent leur vision du Portugal sur sa capitale « Lisbonne ». Le Portugal est également représenté par sa deuxième ville en importance, « Porto », et par d'autres moins importantes : « Braga », « Coimbra », etc. L' « Algarve », l'un des endroits les plus touristiques du Portugal, est aussi abondamment cité. Les étudiants regardent le Portugal à travers leurs expériences comme touristes étrangers qui cherchent à bon prix la plage, le soleil et les soldes... Le Portugal est un grand marché où l'on achète des « vêtements », des « draps », des « serviettes », des « meubles »... Des mots du champ sémantique du « marché aux puces » ou du « bon marché » sont cités par presque 20 % des étudiants.

Les emblèmes qui représentent le Portugal sont surtout le *galo (le coq) de Barcelos*, souvenir très répandu, la « morue », élément traditionnellement à la base de la nourriture la plus populaire, le « vin de Porto » et le *fado*, chant traditionnel. On trouve, en définitive, de nombreux mots qui auraient leur origine dans les expériences partagées que les Galiciens vivent lors de leurs courts déplacements (d'un seul jour la plupart du temps) dans ce pays voisin.

D'autres mots qui relèvent de « l'air du temps » (Boyer 1995 : 41-44) seraient par exemple ceux qui font allusion à l'« Exposition Internationale de Lisbonne » (évoquée par 20 % des étudiants).

La proximité géographique et l'idée, souvent vague, d'avoir eu un passé commun et de parler une langue très proche sont aussi présents pour 13 % des enquêtés. Pourtant peu d'étudiants écrivent des mots en portugais et ceux que l'on trouve ne sont pas très variés (à part *moito obrigado*, que l'on retrouve plusieurs fois, ils ne citent qu'une vingtaine de mots différents, souvent une seule fois).

On pourrait parler aussi bien d'ignorance de la langue portugaise, pourtant si proche de la galicienne, que de méconnaissance de la culture de ce pays : on ne cite que les grands écrivains (« Saramago », « Pessoa », « Camoes ») et quelques chanteurs mythiques (« José Afonso ») ou actuels (« Dulce Pontes »). Le seul grand événement historique dont quelques étudiants semblent se souvenir est la « Révolution des œillets » (citée seulement par une douzaine d'étudiants).

Les étudiants galiciens se représentent les Portugais comme un peuple « pauvre » mais « amical », « gentil », « sensible » et

« affectueux ». On retrouve très peu de mots négatifs (à peine une dizaine), ce qui montre que probablement l'image des Portugais est en train de changer parmi la jeunesse galicienne car traditionnellement ils n'avaient pas une bonne image en Galice (de la même façon que les Galiciens et les Espagnols en général, ne l'avaient pas au Portugal).

Pourquoi ont-ils choisi le portugais ? La raison qui est le plus souvent avancée est la certitude de savoir que le portugais est une langue agréable à écouter ou à parler, de même que le sentiment de proximité envers le pays et la langue. Le profit professionnel ainsi que l'utilité pour les déplacements à l'étranger sont moins cités.

Les étudiants de portugais ne citent presque pas de mots dans cette langue et ils ne font presque pas de références à la proximité du portugais et du galicien. Leurs citations se concentrent sur les toponymes, le folklore et en général le tourisme.

En conclusion on pourrait parler de représentations assez stéréotypées du Portugal chez les étudiants galiciens. Leurs contacts avec le Portugal semblent se limiter au tourisme des plages ou des grandes villes, il ne semble pas qu'il y ait beaucoup de connaissances de la culture et de l'histoire portugaises. Cela pourrait expliquer que, malgré la proximité et les ressemblances entre la langue portugaise et la langue galicienne, il y ait un nombre assez réduit d'étudiants qui se décident à apprendre le portugais, car la maîtrise de la langue n'est pas indispensable pour faire des achats dans les marchés populaires ni pour visiter (il semble qu'assez superficiellement) Porto, Lisbonne, Fatima ou l'Algarve. Cela explique aussi que pour un nombre assez important d'étudiants le portugais ne soit pas une première option mais une « troisième langue ».

L'italien : la langue de la perfection

L'Italien est une langue assez demandée par les étudiants de l'Université de Santiago, qui, sauf cas exceptionnels, n'ont jamais eu de contacts avec elle, car ils n'ont pas eu l'opportunité de l'apprendre ni dans l'enseignement primaire ni dans l'enseignement secondaire. Les rapports entre Italiens et Galiciens n'ont pas été nombreux et il n'y a pas eu de mouvements migratoires importants vers l'Italie. Il n'est donc pas étonnant que seulement 9 % des étudiants d'italien aient eu des contacts avec la langue (plusieurs d'entre eux dans l'émigration en Suisse ou ailleurs, d'autres dans des institutions ou avec des amis).

La première constatation, comme c'était le cas pour la France, c'est la richesse quantitative des représentations. Les étudiants citent à nouveau plus de 2 200 mots, c'est-à-dire plus de 4 mots par personne. Mais le nombre de mots différents pour l'Italie est considérablement plus petit que pour la France.

Par rapport au reste des pays dont il est question ici, l'Italie est représentée surtout par sa gastronomie la plus typique (pas très variée, si l'on en croit les citations). L'emblème de l'Italie est sans doute la *pizza,* plat cité par plus d'un tiers des étudiants, mais si l'on ajoute à ce mot *pasta, spaguetti, lasagna* et d'autres variétés de *pasta*, on peut affirmer que plus d'une personne sur deux a cité au moins un de ces mots. Dans cette stéréotypisation de l'Italie plusieurs étudiants citent la *Torre de Pizza* et d'autres écrivent *pisa* (en minuscule) pour *pizza*...

Le patrimoine culturel et historique italien représente aussi ce pays, mais souvent d'une façon anonyme, avec des mots comme « art », « architecture », « culture », « histoire », « monuments », etc. qui montrent à mon avis une connaissance superficielle, voire stéréotypée de la culture italienne. Les étudiants citent les monuments de Rome (*Coliseo, Capilla Sixtina*, « Fontana di Trevi », *Basilica de San Pedro*, le « Panteon » [hors de Rome on ne cite que la « Torre de Pisa »]), les grands artistes classiques (*Miguel Angel*, « Boticelli », « Leonardo ») ou d'autres personnages historiques célèbres (« Garibaldi », « Marco Polo », « Medici », « Virgilio »).

L'Italie contemporaine est présente dans des références au monde du cinéma (« Mastroiani », « Francesca Neri », « Fellini », « Sofia Loren », « Visconti »), de la télé ou de la presse du cœur (« Conde Lequio », « Rafaella Carra »), de la musique (« Pavarotti »). On cite aussi des écrivains (« Dante », « Bocaccio », « Umberto Eco »), des joueurs de football (« Arno », « Lamborgini », « Maldini », « Maurizzio », « Panucci ») ou des équipes italiennes (« Inter de Milan », « Juventus », « Milan F.C. »), des symboles du luxe (« Armani », « Ferrari », *moda*).

Le personnage le plus cité est le *Papa*. La représentation de l'Italie à travers le monde de la mafia est également très répandue : *Mafia, mafia siciliana, Cossa nostra, el Padrino*. En outre, l'Italie est vue à travers ses villes les plus importantes et/ou touristiques. Presque 40 % des étudiants pensent à « Rome » quand il est question de l'Italie, 24 % à « Venise » et un nombre inférieur à *Florencia*, « Milano », « Torino »...

L'image que les étudiants se font de l'Italie est nettement positive : l'Italie est belle, charmante, accueillante, intéressante et ensoleillée, et les Italiens sont « sympathiques », « beaux », « doux », « ouverts », « gais », « élégants », « dragueurs », « romantiques » : un « paradis » (comme l'écrit un étudiant). Il n'y a dans ce champ que des mots positifs à deux exceptions près.

La langue italienne bénéficie aussi de cette image positive : c'est la « langue de l'amour », une « langue fascinante », « chantante »... Une preuve de cette appréciation clairement positive est le grand nombre de mots de cette langue qu'ils citent et sa grande variété : un étudiant sur trois cite un mot italien ; par exemple *ciao, bambino, calcio, amica/o/i, avanti, capito, amore, giorno, mamma, paparazzi*, etc.

Pourquoi choisit-on l'italien ? Il est évident que ce qui compte le plus pour plus de la moitié des étudiants qui ont choisi d'apprendre l'italien c'est la beauté de la langue. En plus, huit étudiants sur dix ont comme première ou deuxième motivation la beauté de la langue. Celle-ci est sans doute la raison la plus importante, mais quelques-uns ont pensé aussi au profit professionnel, à la proximité avec le galicien ou avec le castillan, au fait que c'est une langue facile ou à son utilité pour le tourisme.

Il est aussi significatif que presque 50 % avaient déjà fait une autre (deuxième) langue avant de choisir l'italien : les plus étudiées auparavant étant le galicien (16 %), le français (11 %), l'anglais (7 %) et l'allemand (5 %). Cela montrerait que l'italien n'est pas une langue indispensable mais qu'on l'apprend par plaisir.

Les étudiants semblent donc avoir des représentations très positives de l'Italie (cf. Margarito 2000), des Italiens et de la langue italienne. Leur connaissance du pays et de ses gens est assez stéréotypée, les références à la politique italienne actuelle, par exemple, sont inexistantes, le nom du président actuel ou celui des présidents anciens n'apparaissent pas, les références au cinéma, à la littérature, à la peinture ou à la sculpture actuelles sont presque absentes. Mais le stéréotype de la beauté de la langue, et le mythe de l'homme et de la femme latins joue en leur faveur et maintient un intérêt très élevé pour la langue italienne, même si apprendre l'italien ne sert que pour aller en Italie ou pour accéder à la culture italienne (ce qui ne semble pas être le but de ces étudiants). Le fait que pour presque la moitié des étudiants galiciens, l'italien soit la "troisième langue" indiquerait aussi que son apprentissage n'est pas prioritaire et qu'il se ferait plutôt pour le plaisir d'apprendre une langue *agréable à entendre ou à parler*.

Occitan ? *Qu'es aquò* ?

L'étude de l'occitan a une longue tradition à la Faculté de Philologie où il est enseigné depuis une trentaine d'années. C'est pour des raisons philologiques que l'occitan a fait l'objet d'un grand intérêt à l'Université de Santiago de Compostela ; ainsi, pendant des années, on a réduit son enseignement à la langue (et la littérature) des troubadours (sous la dénomination de *provenzal*). Dans les nouveaux cursus universitaires il a été offert comme deuxième langue[9] et on a aussi introduit l'enseignement de la langue et de la littérature modernes et contemporaines.

La première constatation que j'ai faite en ce qui concerne l'occitan, les Occitans et les pays occitans, c'est celle de l'absence de représentation : 56 % des étudiants enquêtés n'écrivent pas un seul mot sur ce pays, et un nombre important ne fait qu'exprimer son ignorance. En moyenne il n'y a que 1,5 mots cités par personne (des cinq mots sollicités).

Les rares images que les étudiants ont du monde occitan sont surtout de type historique et culturel, et, j'insiste, elles sont très limitées. Les pays occitans sont représentés par l'époque médiévale, mais avec de remarquables références fantaisistes qui renvoient à un monde de « rois » et de « princesses », de « dames » et de « chevaliers », de « dragons » et de « demoiselles », en définitive, un univers irréel de

---

[9] Pour une étude plus détaillée, basée sur les résultats enrichis de la première année d'enquête voir Alén et Boyer 1998.

contes de fées : « joli », « mélancolique », « agréable », « exotique », « ancien »... les références à une situation conflictuelle sont anecdotiques et les connaissances de la réalité moderne occitane presque inexistantes.

Les Pays occitans sont aussi représentés par les régions et les villes les plus touristiques (*Provenza*, « Languedoc », *Marsella*, *Niza*, « Cannes »...). D'autres font allusion à un tourisme sans personnalité : « mer », « plage », « luxe ». Les étudiants pensent aussi à la langue quand on leur demande de parler des Pays occitans, mais à peine pour citer son nom avec des mots qui contiennent « oc » (*occitano*, « langue d'oc », « oc »...). Les références à la situation actuelle de la langue sont insignifiantes. Ce qui est encore plus frappant c'est le grand nombre de citations erronées qui situent les Pays occitans en Orient (« Turquie ») ou parmi les pays de l'Europe de l'Est (« Hongrie », « République Tchèque », « Slovaquie »...)

On peut donc résumer : les représentations des pays occitans sont pauvres et renvoient à une image fossilisée, limitée à l'époque médiévale. Les Occitans ne sont pas perçus comme un groupe social ou une communauté qui a son propre espace et sa propre langue, de là aussi le manque de références interculturelles.

Le nombre d'étudiants qui a choisi cette langue est très réduit (ce qui n'étonnera personne vu l'ignorance de sa réalité). Ceux qui se sont décidés à la découverte de l'occitan déclarent qu'ils ont été motivés par sa proximité avec le galicien et avec le castillan (il ne faut pas oublier que la plupart sont de futurs philologues) et par un sentiment de sympathie envers une communauté linguistique minoritaire qui a vécu une situation sociolinguistique semblable à celle de la Galice. En outre, les étudiants, qui par ailleurs n'avaient pas de connaissances préalables de la langue occitane, voient cette langue à travers le stéréotype des troubadours, d'où l'importance du critère esthétique dans le choix en faveur de l'occitan.

Le roumain : la langue de Dracula

La Roumanie est sans doute le pays, parmi ceux dont on s'occupe ici, le moins connu en Galice. La langue roumaine est pourtant enseignée à la Faculté de Philologie depuis 1990 par un professeur roumain.

Par rapport au reste des pays concernés par ce travail, à l'exception des Pays occitans, les étudiants enquêtés possèdent très peu de représentations de la Roumanie, des Roumains et de la langue roumaine. Ils ne sont même pas capables de citer en moyenne plus de deux mots par personne. Pour eux la Roumanie est un pays « froid », « pauvre », « lointain », « conflictuel » et un peu « exotique » et « mystérieux ». À ce mystère s'ajoute une grande méconnaissance de la réalité roumaine mise en évidence par le nombre très important d'étudiants qui n'écrivent aucun mot (38 %) et par l'indication de cette ignorance.

Cette méconnaissance (qui, au contraire de ce qui arrivait pour les pays occitans, n'entraîne pas de références erronées) rend possible aussi le fait que le personnage qui semble le mieux représenter la Roumanie soit un être de fiction et de légende, « Dracula », cité par plus de 20 % des étudiants qui écrivent quelque chose (c'est d'eux que je vais parler dorénavant), et que le toponyme le plus cité soit la « Transylvanie » (avant « Bucarest ») (15 % de ces mêmes étudiants). Le personnage réel le plus mentionné est le dictateur « Ceaucescu » (10 % des étudiants), ce qui est en rapport avec l'image de la Roumanie comme un pays sorti de la « dictature communiste » (à laquelle font allusion 10 % des étudiants).

Cette image est complétée par une autre beaucoup plus attirante et actuelle : celle que donnent les excellents joueurs de football sortis de ce pays (beaucoup d'entre eux sont actuellement ou ont été récemment dans des équipes espagnoles très importantes) : on compte 80 occurrences, parmi lesquelles les plus citées sont « Hagi » et « Popescu ».

Pourquoi ces étudiants ont-ils choisi d'étudier le roumain ? À l'unanimité les étudiants sont attirés par le roumain parce c'est une langue exotique, différente ou peu connue.

Conclusion : *Paris ne s'est pas fait en un jour*

Les représentations dont il vient d'être question sont le fruit de siècles de contacts directs ou indirects. Parfois ce sont les contacts conflictuels entre voisins qui aident à la construction de ces stéréotypes (pour la France ou le Portugal et même pour la Catalogne). Parfois c'est l'image fournie par telle ou telle littérature (les troubadours pour l'Occitanie, par exemple), ou celle que le cinéma donne d'un pays (la Roumanie de Dracula ou l'Italie du cinéma Italien et de ses acteurs).

Par ailleurs, le nombre de mots que les étudiants citent pour chaque pays montre la richesse ou la pauvreté des représentations associées (voir tableau ci-dessous). Le plus faibles moyennes correspondent aux Pays Occitans, en raison sûrement de son inexistance administrativo-politique et sociale, et à la Roumanie, pays lointain géographiquement et socialement. Par contre la relative pauvreté des représentations associées au Portugal vient sans doute d'une autre représentation, voire stéréotype, à mettre en rapport avec l'indifférence voire le mépris des Galiciens pour leurs voisins Portugais (qui a son équivalent de l'autre côté de la frontiêre).

Pays	France	Catalogne	Portugal	Italie	Rumanie	Pays Occitans
Total occurrences	2 289	2 174	2 060	2 243	1 043	731
occurrences / personne	4,27	4,06	3,84	4,18	1,94	1,36

Ce travail nous a permis d'observer que certaines représentations sont très stables et très réductrices (et pourraient donc être considérées comme des stéréotypes) : le français est la langue de l'amour, l'italien est une très belle langue, les catalans sont avares... La publicité, le cinéma... nous répètent chaque jour ces images.

La France est le pays à propos duquel circule le plus grand nombre de stéréotypes, mais aussi celui dont on connaît le mieux la situation actuelle. Les images du reste des pays sont très superficielles. Les langues jugées exotiques (roumain, occitan) sont apprises par plaisir philologique et l'on remarque que les représentations des pays où elles sont pratiquées sont presque inexistantes et tout à fait fossilisées. Pour les Pays Occitans et pour l'occitan on observe en plus un manque d'identification comme communauté, ce qui rend difficile la manifestation de représentations.

À côté des représentations stables d'autres peuvent apparaître, surtout quand il y a un changement dans les relations intercommunautaires. C'est le cas du catalan et de la Catalogne : une langue et une communauté qui ont acquis un énorme prestige en Espagne et, plus encore, me semble-t-il, en Galice. Cette circonstance a fait évoluer les représentations et a même fait du catalan une « langue belle » (voir ci - dessus) : une représentation qui ne se correspond pas avec les pratiques des étudiants.

Il faut faire la même constatation pour le Portugal et la langue portugaise, mais moins clairement. On manque d'études sérieuses sur les regards croisés entre Galiciens et Portugais dans les dernières années mais historiquement il existe des documents qui montrent que ce regard était méfiant et méprisant des deux côtés[10]. À mon avis, le changement de statut du galicien après 1983 et sa reconnaissance comme langue propre de la Galice, son utilisation à l'école, dans les médias, etc. ont amélioré la considération de la langue sœur ou fille : le portugais. Le prestige récupéré du galicien a entraîné la reconnaissance du prestige du portugais.

Le choix d'une langue comme objet d'études est fortement tributaire de ces représentations. Les motivations sont très différentes d'une langue à l'autre et très variables selon les circonstances. Si pour le catalan et pour le français le profit professionnel prévisible est important et fait que pour un grand nombre d'étudiants ces langues soient prises comme première option, pour le reste des langues le poids de ce profit professionnel est moins important ou inexistant. L'utilité pour le tourisme est aussi important, surtout pour le français, mais aussi pour le portugais et moins pour l'italien. Le plaisir d'apprendre une langue est un élément clé pour l'apprentissage de l'italien (choisi par la moitié des étudiants comme troisième langue, après d'autres langues jugées sûrement plus utiles : français, anglais, allemand...). Finalement, la proximité culturelle

[10] Pour un aperçu historique voir Vázquez Corredoira 1998.

ou historique peut aussi compter ; pour le catalan et l'occitan il s'agirait d'un sentiment de proximité entre langues minoritaires ; pour le portugais la conscience d'avoir eu une origine commune.

Annexe

Les 10 mots les plus cités pour chaque pays/communauté :

FRANCE		PAYS CATALANS		PORTUGAL	
occ.	**mots**	**occ.**	**mots**	**occ.**	**mots**
296	*Paris*	205	*Barcelona*	210	*Lisboa*
117	*Tour Eiffel*	158	*Jordi Pujol*	116	*O/Porto*
44	*amor/amour*	155	*Barça*	108	*Expo98*
43	*francés/es*	113	*catalán/es*	85	*fado/s*
40	*moda*	65	*Gaudi*	55	*portugués/es*
37	*Louvre*	56	*nacionalismo*	52	*bacalao*
31	*Eurodisney*	56	*Sagrada Familia*	48	*Algarve*
30	*Champs Élysées*	50	*Olimpiadas/JJOO*	43	*vecino/s*
29	*queso*	42	*tacaño/s*	42	*vino*
29	*champagne*	35	*Sardana*	30	*Saramago*

ITALIE		ROUMANIE		PAYS OCCITANS	
occ.	**mots**	**occ.**	**mots**	**occ.**	**mots**
198	*Roma*	68	*Dracula*	29	*Oc*
192	*pizza*	43	*pobreza*	26	*Francia*
134	*pasta/s*	40	*Transilvania*	26	*desconocido/ desconocimiento*
127	*Venecia*	38	*Bucarest*	25	*trovadores*
72	*arte*	37	*rumano/s*	22	*Provenza*
61	*spaguetti*	36	*frío*	16	*lengua*
49	*Papa*	33	*Hagi*	12	*provenzal*
48	*góndola/s*	32	*guerra*	12	*occitano/s*
45	*Mafia*	31	*Ceausescu*	10	*literatura*
41	*Vaticano*	23	*Popescu*	10	*Languedoc*

BIBLIOGRAPHIE

AAVV, *Gran enciclopedia gallega* (1974), Santiago de Compostela, Silverio Cañada Editor. (tomo X, s.v. *emigración*).

ABRIC, J.-Cl. (1994), « Les représentations sociales : aspects théoriques », in J.-Cl. Abric, (dir), *Pratiques sociales et représentations*, Paris, Presses Universitaires de France, 11-35.

ALEN GARABATO, M.-C., BOYER, H. (1998), « Percepción de la lengua occitana (y de los occitanos) entre los universitarios gallegos » *XXII Congrès International de Linguistique et de Philologie romanes, Bruxelles, 23-29 juillet 1998* (en prensa).

ALEN GARABATO, M.-C. (1999), « Un país, una lengua, unos hablantes... representaciones del catalán en los estudiantes de la Universidad de Santiago de Compostela », in *Homenaxe ó profesor Camilo Flores*, ed. coordinada por M. T. García Sabell Tormo, M. Míguez Pan, E. Montero Cartelle, M. E. Vázquez Bujan, J. M. Viña Liste. Servicio de Publicacións, Univ. de Santiago, 3-16.

AMOSSY, R .(1991), *Les idées reçues. Sémiologie du stéréotype*, Paris, Nathan.

BARUCH, M., CAIN, A., DE PIETRO, J-.F., GINTER, K., REGNIER, J.-P., SIMEONOVA, Y., TZNEVA, R. (1995), *Stéréotypes culturels et apprentissage des langues. Programme d'études conjointes en matière d'éducation des Commissions européennes pour l'UNESCO,* Commission française pour l'UNESCO.

BILLIEZ, D. (1996), « Langues de soi, langues voisines : représentations entrecroisées », *ELA, Revue de didactologie des langues-cultures*, 401-410

BLANCHE-BENVENISTE, C. (1997), « Une grammaire pour lire en quatre langues », *L'intercompréhension : le cas des langues romanes*, número especial de *Le Français dans le Monde*, janvier, 33-37.

BOURDIEU, P. (1980), « Identité et représentation », *Actes de la Recherche en Sciences Sociales, 35*, 63-72.

BOURDIEU, P. (1982), *Ce que parler veut dire*, Fayard, Paris.

BOYER, H. (1995), « De la compétence ethnosocioculturelle », *Le Français dans le Monde*, avril, 272, 41-44.

BOYER, H. (1996), « Les domaines de la sociolinguistique », in Boyer, H. (dir.), *Sociolinguistique, territoire et objets*, Paris, Delachaux et Niestlé.

BOYER, H. (1997), « Conflit d'usages, conflit d'images » in Boyer, H. (ed), *Plurilinguisme : « contact » ou « conflit » de langues ?*, Paris, L'Harmattan, 9-35.

BOYER, H. (1998), « L'imaginaire ethnosocioculturel collectif et les représentations partagées : un essai de modelisation », *Travaux de didactique du FLE*, 37.

CAIN, A. - DE PIETRO, J. F. (1996), « Les représentations des pays dont on apprend la langue : complément facultatif ou composante de l'apprentissage » in M. Matthey (ed.), *Les langues et leurs images*, Neuchâtel, Institut romand de recherches et de documentation pédagogiques, 300-307.

DABENE, L. (1997), « L'image des langues et leur apprentissage », in Mattey, M. ed. (1997) *Les Langues et leurs images*, Neuchâtel, Institut romand de recherches et de documentation pédagogiques, 19-23.

DE CARLO, M. (1997), « Stéréotype et identité », *Études de linguistique appliquée*, 107, 279-290.

DE PIETRO, J.-P. (1994), « Une variable négligée : les attitudes » *Éducation et recherche*, 16 année, 1/94, 89-109.

DOISE, W. (1985), « Les représentations sociales : définition d'un concept », *Connexions* 45, 243-253.

FENOGLIO, I. (1997), « Parler d'une langue, dire son nom » in *Le nom des langues. Les enjeux de la nomination des langues* (dir. A. Tabouret-Keller), Louvain, Peeters, BCILL : 241-250.

GHIGLIONE, R.., MATALON, B. (1978), *Les enquêtes sociologiques*, Armand Colin, Paris.

GRANGE, D., LEBART, L. (1993), *Traitement statistique des enquêtes*, Dunod, Paris.

HERNANDEZ BORGE, J., DURAN VILLA, F. (1992), *Guía bibliográfica de emigración galega*, Universidade de Santiago de Compostela.

HOUDEBINE, A.-M. (1993), « De l'imaginaire des locuteurs et de la dynamique linguistique. Aspects théoriques et méthodologiques », *Cahiers de l'Institut de Linguistique de Louvain* 19, 3-4 : 31-40.

JACQUART, A. (1997), « L'amour des langues. Représentations linguistiques et motivations du choix d'une langue étrangère », Cahiers de l'ASDIFLE, 8, p.175-186.

LADMIRAL, J.-R., LIPIANSKI, E.-M. (1989), *La communication interculturelle*, Armand Colin, Paris.

MARGARITO, M. (2000), *L'Italie en stéréotypes : analyse de textes touristiques*, L'Harmattan, Paris.

MORSLY, D. (1990), « Attitudes et représentations linguistiques », *La linguistique*, 26, 1990-2, 77-86.

MOSCOVICI S. (1961), *La psychanalyse, son image et son public*, Paris, PUF.

PUGIBET, V. (1983), « Des stéréotypes de la France et des Français chez des étudiants mexicains », *Le français dans le monde*, 181, 45-53.

REINHEIMER, S., TASMOWSKI, L. (1997), *Pratique des langues romanes*, L'Harmattan, Paris.

ROUQUETTE, M.-L., RATEAU, P. (1998), *Introduction à l'étude des représentations sociales*, Presses Universitaires de Grenoble, Grenoble.

SANGRADOR GARCIA, J.-L. (1981), *Estereotipos de las nacionalidades y regiones de España*, Madrid, Centro de Investigaciones sociológicas.

SANTOS REGO, M.-A. (1997), *Análise pedagóxica da emigración galega en Europa. Perspectivas no marco da Unión*, Xunta de Galicia, Santiago de Compostela.

SIGNY, F. de (1992), *L'enquête et ses méthodes : le questionnaire*, Nathan, Paris.

SOTELO BLANCO, O. (1991), *A emigración galega en Cataluña*, Barcelona, Sotelo Blanco Ed.

VAZQUEZ CORREDOIRA, F. (1998) : *A construção da língua portuguesa frente ao castelhano. O galego como exemplo a contrario*, Santiago de Compostela, Ed. Laiovento.

Nathalie Auger

LES REPRÉSENTATIONS INTERCULTURELLES DANS DES MANUELS DE FRANÇAIS LANGUE ÉTRANGÈRE EN USAGE DANS L'UNION EUROPÉENNE

À la mémoire de Denis Lehmann

« Ce qui est donné, ce n'est pas moi et d'autre part autrui, c'est moi avec autrui »
Merleau-Ponty

L'interculturel est induit par nos réalités de vie. Vies de voyageurs considérablement facilitées par les nouveaux moyens de communication. Mais aussi vies de citoyens de pays de plus en plus métissés. Il ne faudrait cependant pas confondre l'interculturel et le multiculturel. Le multiculturel, à l'image de la société américaine, est une juxtaposition de communautés vivant leur langue-culture sans pour autant la partager avec d'autres goupes. À l'inverse, l'interculturel est la rencontre de l'*autre*. Comme le suggère Merleau-Ponty, l'altérité est au cœur des enjeux de la construction humaine. La situation interculturelle nous y plonge avec force. Une dynamique de co-construction des représentations des uns et des autres se met alors en place : représentations que j'ai de moi-même et des autres qui dépendent aussi de celles que les autres ont d'eux-mêmes et de moi. C'est dans cette perspective interculturelle que j'aborderai les représentations dans les manuels de français langue étrangère en usage dans l'Union européenne.

Cadre de l'étude

Cette étude a fait l'objet d'une thèse de doctorat intitulée *La construction des représentations dans le discours de manuels de français langue étrangère en usage dans l'Union Européenne : la dimension interculturelle du Contrat de parole didactique.* D'une part, il s'agit d'une étude quantitative qui donne une première vision des représentations interculturelles en œuvre dans les manuels, selon le pays de l'élève. D'autre part, du point de vue qualitatif cette fois, l'objectif est de dégager les stratégies de mise en discours de ces représentations en prenant en compte le fait que l'auteur du manuel est soumis à un certain type de Contrat de parole (P. Charaudeau 1983 : 50), ici didactique.

L'Europe : des manuels, une histoire et des enjeux

L'Europe de cette fin de siècle nous offre un fait d'exception : la construction d'une représentation européenne corrélée à la proximité géographique des pays constituant l'Union européenne. Cette représentation existe-t-elle ou relève-t-elle du fantasme ? Un fait est incontestable : depuis quelques mois, ces différents pays ont adopté une monnaie unique, l'Euro. Ce progrès vers l'unification économique des nations membres est donc déjà largement amorcé. De son côté, l'avenir politique de l'Union se construit plus lentement, et soulève de nombreuses questions idéologiques, notamment quant à l'adhésion de nouveaux membres. Les raisons sont éminemment économiques mais elles sont aussi induites par les différences culturelles qui existent, par les représentations qui circulent d'un pays à l'autre. L'hypothèse de ce travail est donc que les manuels de français langue étrangère conçus dans les différents pays de l'Union Européenne véhiculent cette dimension interculturelle.

Pour l'analyse, la notion de communauté linguistique est primordiale. La langue ne saurait être réduite à un objet faisant abstraction de la communauté qui la parle. Pour une étude comme celle-ci, la donnée fondamentale concernant les groupes linguistiques reste la provenance géographique. En effet, selon le pays dans lequel s'inscrit la source énonciative (c'est-à-dire les auteurs des manuels), on peut observer que l'image de *l'autre*, ce Français dont l'apprenant étudie la langue, est plus ou moins hétérogène.

À l'heure où les approches interculturelles sont mises en exergue par les didacticiens, il semble intéressant de prendre pour objet d'étude un élément central de l'enseignement des langues : le manuel. Outil incontournable, parfois encensé, souvent critiqué, le manuel n'en joue pas moins un rôle dans le processus d'acquisition de la langue car il véhicule aussi la culture des communautés, la communauté du maternel et celle de la langue-cible.

Avant d'aborder l'observation des représentations dans les ouvrages, il convient de revenir brièvement aux conditions de production du manuel de français langue étrangère. Dans ce corpus, un/des énonciateurs-auteurs des différents pays de l'Union européenne est/sont mis en relation avec des co-énonciateurs-apprenants de la même communauté nationale. Mais les enjeux interculturels ne se jouent pas entre ce « je » et ce « tu » comme dans le cadre d'une communication exolingue. La communauté qui se singularise culturellement en regard des deux partenaires de l'échange est exclue. Le sujet français est en dehors de cette interaction car il ne peut pas se poser en « je ». Il est un objet de discours de l'énonciateur-auteur et des co-énonciateurs-apprenants. Sa culture, sa représentation se construisent au travers des discours des auteurs de manuels.

Si l'on reprend les trois termes de la représentation sociolinguistique, l'*autre-Français* peut être appréhendé par les désignants ethnonymique (le peuple), toponymique (le pays) et lectal (la langue) puisqu'un sujet est nommé par rapport à une /des langues et une aire géographique de référence. Mais représenter l'*autre*, c'est aussi donner une représentation de *soi*. Les manuels témoignent de cette dialectique identitaire. La communauté des auteurs et des apprenants se met également en scène discursivement par le biais de désignants de la représentation sociolinguistique. Si la dimension interculturelle des manuels semble se démontrer, on peut faire l'hypothèse que dans le cadre historique de la mise en place de l'Union européenne, une représentation de l'Europe va émerger. Les désignants européens, dont la langue est absente, sont la marque d'une sorte « d'éducation à l'Europe » des apprenants. Nous verrons donc quantitativement et qualitativement ce qu'il en est dans notre corpus des désignants représentant l'*autre-Français*, le *même-natif* et le *nous-Européen*.

Pour bien prendre la mesure de ces désignants, il convient d'éclairer l'analyse par une prise en compte de la situation sociolinguistique des différents pays de l'Union européenne. Un état des lieux sociolinguistique permet de comprendre les relations qu'entretiennent ces différentes aires géographiques avec leur(s) langue(s) sans pour autant négliger les liens historiques entretenus par ces différents pays, lesquels ont également influencé les représentations endogènes mais aussi exogènes.

Le corpus est composé de 42 manuels de français langue étrangère, 4 par pays dont 2 pour niveaux débutants et niveaux avancés[1]. Pour cette étude, les manuels proviennent d'Allemagne, d'Autriche, de Belgique, du Danemark, d'Espagne, de Finlande, de Grande-Bretagne, du Portugal et de Suède. La Grèce est exclue du corpus car il n'y a pas de manuel local. Le fait que l'Irlande importe la plupart de ces manuels de Grande-Bretagne a empêché l'obtention de plus d'un ouvrage. Pour l'Italie, il a été simplement retenu 3 manuels de ce pays car l'un d'entre eux possède plus de 500 pages et, selon les dires des enseignants, il est utilisé sur deux ans. Pour les Pays-Bas, il n'y a que deux manuels mais le nombre d'occurrences a été doublé pour être comparées avec celles des autres pays dont quatre ouvrages ont été sélectionnés. Enfin, à titre de comparaison, il a été retenu un manuel conçu par des auteurs français à destination de l'Espagne. Ce manuel s'inscrit donc dans un cadre interculturel inversé et donne un point de référence différent sur les types de représentations mises en œuvre.

Les représentations : une notion centrale

La notion de représentation, est en général prioritairement traitée par les sciences sociales. E. Durkheim, le premier, a fait émerger

---

[1] Le niveau de compétence développé dans les manuels peut aussi donner des informations par rapport aux représentations qui sont données à voir. Une distinction entre manuels pour apprenants débutants et avancés a été effectuée dans le travail de thèse.

ce concept pour expliquer qu'entre les divers groupes sociaux circulent des représentations sur les autres ; forcément autres car dissemblables de par leur appartenance professionnelle, sociale, sexuelle ou, comme dans notre étude, géographique. Il en va de même entre les différents groupes nationaux. On peut, après H. Boyer (1995), qualifier ces représentations d'ethnosocioculturelles puisque celles-ci sont en relation avec le pays, la société et la culture de chaque groupe. D'un point de vue étymologique, « représenter », qui vient du latin *repraesentare* signifiant « rendre présent », indique bien qu'il y a une tentative de faire exister, au travers du discours, une réalité (du moins le sujet la perçoit comme telle) extra-linguistique. L'individu veut mettre en relief un ou des éléments distinctifs chez celui qui lui est différent. Par ailleurs, la terminaison —*tion* du substantif « représentation » met l'accent sur le fait que nous sommes en présence d'une activité dynamique de production du sens, de co-construction de *l'autre*. Cette problématique du « sujet constructeur d'une représentation de *l'autre* » n'est pas sans rappeler des notions prises en compte actuellement en sciences du langage, et plus précisément en matière d'analyse du discours.

Cette représentation de *l'autre*, de ce « il » français extérieur au sujet (l'auteur du manuel) et à ses interlocuteurs (les élèves), évoque aussi les travaux sur le dialogisme. M. Bakthine (1929/1977 : 36) explique fort bien que les discours se répondent les uns les autres : « Le discours écrit est en quelque sorte partie intégrante d'une discussion idéologique à grande échelle : il répond à quelque chose, il réfute, il confirme. » Ainsi, les représentations obtenues sont, le plus souvent, le produit des dialogues sur les différents pays européens. Elles sont inscrites dans ce que l'on peut appeler une dialectique du *même* et de l'*autre*, le *même* étant la communauté du maternel et l'*autre*, la communauté cible française. Malgré un Contrat de parole didactique poussant à évacuer les représentations constituées de marqueurs subjectifs, on pourra observer qu'il y a d'autres manières de présenter subjectivement des représentations.

Analyse quantitative : la co-construction des représentations interculturelles

L'analyse quantitative cherche d'abord à éclairer la mise en discours de plus de 5 000 occurrences des désignants renvoyant à des représentations de l'*autre*, du *même* et de l'*Europe*. Selon l'origine des manuels, on peut observer le « poids » des représentations. Du point de vue statistique, ce qui nous intéresse avant tout c'est de savoir si les représentations sont présentées comme stigmatisantes ou au contraire comme valorisantes. En effet, les représentations de l'altérité sont souvent orientées. Les procédés de valorisation/dévalorisation sont constitutifs de toute communauté qui produit un discours sur un autre groupe. « La façon dont les sujets perçoivent et évaluent les groupes sociaux ne diffère pas dans ses effets (accentuation des ressemblances intra-groupes, attribution par inférence de caractères valorisés ou dévalorisés) de ce que montrent les théories les plus générales de la perception » (M. Oriol 1994 : 262). Il est fort intéressant de voir que notre corpus peut rendre compte de ces observations.

Mais comment peut-on définir, au niveau linguistique, formel, que ces représentations sont stigmatisantes ou au contraire valorisantes ? Du point de vue du discours, on remarque que la subjectivité à l'œuvre dans le couple valorisation/dévalorisation émerge, non pas des déictiques qui sont neutralisés par le Contrat de parole didactique, mais de ce que C. Kerbrat-Orecchioni (1980/1997 : 70) appelle les « subjectivèmes ». Pour elle « il va de soi que *toute unité lexicale est, en un sens, subjective,* puisque les « mots » de la langue ne sont jamais que des symboles substitutifs et interprétatifs des « choses ».

Ces unités ne se répartissent pas de façon binaire sur l'axe du subjectif/objectif mais graduellement. Cependant, on peut tout de même les catégoriser[2] de façon dichotomique : les unités qui sont relativement plus objectives et celles qui sont nettement plus subjectives. Voici un exemple :

> *Le français, c'est la plus belle de toutes les langues.* (p. 89) **(FINL-AV-P.A.-96)**

---

[2] Bien évidemment, certaines unités peuvent changer de catégorie selon l'environnement contextuel même si elles ont généralement une catégorisation de prédilection.

Dans cette occurrence, la représentation du français est orientée de façon axiologique. L'adjectif *belle* a pour effet de valoriser la langue française. À l'inverse, on note une dévalorisation dans l'occurrence qui suit :

> *Il [cet homme] est élégant pour un Français.* (p. 85) **(AUT(ALL)-DÉB-RÉA-92)**

Ainsi, il faut reconstruire l'énoncé d'une autre voix, celle du *même*, énonçant « le Français n'est pas élégant ». Ce type d'énoncé est donné comme une généralisation effectuée à partir de la classe des *Français*. L'évaluatif positif *élégant* est nié. L'énonciateur-auteur, une voix seconde du *même*, ne rejette pas cette représentation en prédiquant une contre-représentation comme « Les Français sont élégants ». Il valide l'énoncé de la première voix du *même* mais il le modalise en énonçant qu'il existe des exceptions sur au moins un individu de la classe des *Français* (*un*, *il*). Évidemment, l'apprenant reconstruit ces énoncés généralisants qui sont « cachés » sous les discours. Ce dialogisme permet de véhiculer le contenu de la représentation même si celle-ci est en partie masquée.

Quantitativement, je me suis donc intéressée à trois catégories de représentations, les représentations valorisantes, les représentations dévalorisantes et celles dont l'axiologie est moins nette et que, faute de mieux, je nomme « neutres ». Dans ce cas, les auteurs respectent le Contrat de parole didactique qui impose la neutralité, l'objectivité des discours. Les répercussions de ces différents types de représentations sont évidentes lors de l'enseignement-apprentissage des langues. Bien évidemment, puisque les représentations résultent d'une dynamique de co-construction, il s'agit de mettre en parallèle les types de représentations de l'*autre-Français* avec les types de représentations du *même-natif*.

Une dynamique des représentations interculturelles

Se représenter par rapport à l'autre : des raisons de reconnaissance internationale

Si nous faisons la moyenne[3] sur 10 pages des occurrences des désignants de la représentation du *même*, nous obtenons un résultat de

[3] Il n'était pas possible de quantifier le nombre de mots dans les ouvrages comme le préconise la lexicométrie. Le décompte s'est donc effectué sans outil logiciel. Le lecteur se rend compte à quelle fréquence l'apprenant peut rencontrer un désignant identitaire. On

0,6 soit presque 6 fois moins que les désignants concernant la représentation de l'*autre* qui s'élevait à 3,8. L'apprenant rencontre un peu plus d'1 désignant toutes les 20 pages renvoyant à sa communauté d'appartenance. Les procédés de référenciation explicite à *soi* ont donc un poids quantitatif réel bien que non-prépondérant par rapport à la représentation de *l'autre.*

Maintenant, considérons les résultats selon les différents pays en prenant l'*autre* comme point de référence.

Moyenne sur 10 pages de la somme des désignants relatifs à la représentation du *même* et de l'*autre*, par pays

	Identité du *même*	Identité de l'*autre*
Allemagne	0,53	5,09
Autriche	0,59	4,98
Belgique	0,23	2,76
Danemark	0,74	6,57
Espagne	0,47	3,15
Finlande	1,36	2,5
Grande-Bretagne	1,07	5,93
Italie	0,83	2,83
Pays-Bas	0,13	3,73
Portugal	0,46	2,67
Suède	0,24	1,6
Moyenne	**0,60**	**3,80**

On pouvait s'attendre à ce que la mise en discours du *même* soit proportionnelle à la mise en discours de l'*autre* comme pour rétablir un équilibre des représentations. Or il n'en est rien. Certains manuels comme ceux des Pays-Bas peuvent être au-dessus de la moyenne concernant la représentation de l'*autre* et ne contenir que très peu d'occurrences du *même* (0,13).

---

obtient ainsi une moyenne ramenée sur 10 pages. Ce chiffre correspond environ à une unité didactique. Le calcul a été arrêté deux chiffres après la virgule.

Les ouvrages des pays qui ont une moyenne particulièrement basse concernant les désignants du *même* sont belges, néerlandais et suédois. S'il est vrai que ces pays obtiennent une moyenne plus faible que la moyenne générale concernant l'*autre*. Les énonciateurs-auteurs de ces pays ne ressentent pas la nécessité de mettre en discours leur communauté de façon systématique. Leur auto-représentation semble assez « forte » pour s'en passer.

Par contre, la Grande-Bretagne et l'Italie ont une moyenne significativement haute, respectivement de 0,83 et de 1,07. L'élève se trouve face à une auto-représentation abondante. Cela n'est-il pas signe de représentations interculturelles conflictuelles ? L'Histoire irait d'ailleurs aussi dans ce sens.

Que dire de la moyenne élevée de la Finlande (1,36) ? Si l'on reprend l'hypothèse de G. Zarate (1993 : 18) selon laquelle « c'est dans les pays qui bénéficient d'une faible reconnaissance internationale que l'affirmation identitaire tend à être la plus explicite dans les manuels », la Finlande semble répondre à ces critères. Elle est l'un des pays les moins connus de l'U.E., parce qu'elle est la plus éloignée géographiquement et que sa reconnaissance est très faible sur le plan international. En témoigne une occurrence telle que :

> *Sébastien : Qu'est-ce que tes amis disent quand ils apprennent que tu es à moitié finlandaise ?*
> *Johanna : les gens sont assez étonnés parce qu'ils ne connaissent pas bien ce pays.* (p. 259) **(FINL-AV-P.A.-96)**

Pourcentage des occurrences valorisées, dévalorisées et neutres : une représentation valorisée de soi *très nette en regard de celle de* l'autre

Que se passe-t-il du point de vue du pourcentage des occurrences valorisées et dévalorisées ?

Quand on additionne les pourcentages relatifs au pourcentage des occurrences valorisées/dévalorisées et neutres lors de leur mise en discours, on obtient les résultats du tableau suivant. On ajoute pour mémoire les résultats qui concernent la représentation de *l'autre* puisque l'hypothèse est que les représentations fonctionnent sur le mode dialectique :

Moyenne sur tous les pays du pourcentage des occurrences neutres, valorisées, dévalorisées des désignants relatifs aux représentations du *même* et de l'*autre*

Occurrences en %	**L'*autre***	**Le *même***
Occurrences neutres (en %)	82,35	73,82
Occurrences valorisées (en %)	10,10	21,01
Occurrences dévalorisées (en %)	7,55	5,17

Tout d'abord, la moyenne des occurrences neutres est beaucoup plus faible lorsque le *même* se met en discours que lorsqu'il énonce l'*autre*. L'énonciateur-auteur rompt davantage son Contrat de parole quand il s'agit de sa communauté. Il l'effectue en faveur des occurrences valorisées qui sont beaucoup plus nombreuses que celles relatives à l'*autre*. En effet, l'écart est deux fois plus important : 10,10 % pour l'*autre* contre 21,01 % pour le *même*. De plus, les occurrences dévalorisantes sont plus faibles quand le *même* s'énonce (5,17 %) par rapport aux mises en discours de l'*autre* (7,55 %). La valorisation est importante et la neutralité plus rare. L'apprenant se trouve face à un *même* deux fois plus valorisé que l'*autre*. Ce phénomène peut provoquer un sentiment de supériorité qui n'est pas propice à une démarche interculturelle.

Voyons maintenant ce qu'il en est des résultats par pays :

Pourcentages des occurrences neutres, valorisées, dévalorisées des désignants relatifs à la représentation du *même* et de l'*autre*, par pays

	Identité du *même*			Identité de *l'autre*		
	Neutre	Valorisé	Dévalorisé	Neutre	Valorisé	Dévalo-risé
Allemagne	72,97	8,11	18,92	83,47	12,89	3,64
Autriche	80,43	13,04	6,52	79,95	11,57	8,48
Belgique	70,83	20,83	8,33	85,26	8,42	6,32
Danemark	43,24	48,65	8,11	86,28	8,54	5,18
Espagne	55,88	41,18	2,94	79,82	15,79	4,39
Finlande	80,50	12,58	6,92	86,99	6,85	6,16
Grande-Bretagne	88,00	12,00	0,00	85,89	4,58	9,52
Italie	85,56	12,22	2,22	81,05	8,82	10,13
Pays-Bas	57,14	42,86	0,00	84,50	6,00	9,50
Portugal	88,57	8,57	2,86	75,49	16,67	7,84
Suède	88,89	11,11	0,00	77,12	11,02	11,86

On voit tout d'abord très nettement que le Contrat de parole est davantage rompu dans les manuels du Danemark (43,24 %), de l'Espagne (55,88 %) et des Pays-Bas (57,14 %), chaque fois au profit d'un pourcentage d'auto-valorisation qui dépasse toutes les autres nations. Le Contrat de parole est presque rompu de moitié au profit de la valorisation. Peut-être peut-on y voir pour le premier une façon de contrebalancer la mise en discours très importante de *l'autre*. En ce qui concerne l'Espagne, la forte valorisation de l'*autre* entraîne un équilibre par rapport à *soi*. Pour les manuels des Pays-Bas qui contiennent le moins de valorisation de l'*autre*, on peut en déduire que la volonté des énonciateurs est inverse : il y a une détermination à véritablement se démarquer de l'*autre* et à s'auto-valoriser.

Les énonciateurs-auteurs d'autres pays comme ceux de Grande-Bretagne (88 %) et de Suède (88,89 %) respectent le Contrat de parole mais ne se dévalorisent jamais, tout comme les manuels des Pays-Bas. De fait, les ouvrages de Grande-Bretagne qui ont une nette tendance à la dévalorisation de l'*autre* renforcent encore ainsi leur auto-valorisation. Le contexte socio-historique (depuis la guerre de 100 ans...) semblerait expliquer ces résultats.

Par contre, la majorité des manuels des autres pays comportent des auto-dévalorisations. Certaines nations ont des résultats très faibles et non-vraiment significatifs comme le Portugal (2,86 %), l'Italie (2,22 %), l'Espagne (2,94 %). Les énonciateurs-auteurs de ces pays de langues romanes ont fait le choix de se mettre en discours presque exclusivement sur le mode de la valorisation.

D'autres nations, en revanche, s'auto-dévalorisent davantage. En témoignent le résultat de la moyenne des pourcentages. C'est le cas de l'Allemagne, de l'Autriche, de la Belgique, du Danemark et de la Finlande. Par contre, l'auto-dévalorisation dans le discours des manuels du Danemark est presque neutralisée par les résultats de la valorisation.

Dans tous les cas, il semble qu'une valorisation excessive de *soi* semble laisser deviner une représentation négative. À l'inverse, la dévalorisation est le signe d'une stigmatisation. Dans tous les cas, c'est la neutralité qui est la preuve de « la confiance en *soi* » du *même*. L'auto-dévalorisation semble puiser sa source dans les rapports socio-historiques que ces différents pays entretiennent avec la France et le reste du monde en général. L'auto-stigmatisation très nette de l'Allemagne qui est supérieure à la valorisation (18,92 % contre 8,11 %) agirait comme une sorte de repentir de la Seconde Guerre mondiale. Il en va certainement de même pour l'Autriche et la Finlande, quoi que pour ce dernier les résultats semblent aussi la conséquence de la faible reconnaissance sur le plan international. On pourrait dire la même chose de la Belgique, qui est dans l'ombre de sa voisine francophone : la France.

À titre de comparaison, j'ai quantifié les types de représentations contenus dans un manuel conçu par des auteurs français mais à destination de l'Espagne. On obtient les résultats suivants. Le manuel français obtient une moyenne de 4,21 occurrences toutes les dix pages. Ce résultat est un peu plus élevé que la moyenne générale des autres pays. Mais il faut bien rappeler qu'ici, les rôles identitaires sont inversés. Le *même* est Français et se met en discours pour un *autre* qui apprend le français. Le *même-Français* donne à voir une auto-représentation. Quantitativement, cette représentation endogène est abondante. Mais de quelle nature est-elle ?

Le Contrat d'objectivité a le résultat le plus bas de tous les pays et est bien en-deçà de la moyenne générale (82,35 %) avec 74,62 % de procédés discursifs neutres. Comme on pouvait s'y attendre, les procédés de valorisations sont très nombreux avec 23,88 %. Ce résultat est deux fois plus important que le pourcentage concernant l'ensemble des ouvrages (10,46 %). Les procédés dévalorisants sont quasi-inexistants avec 1,49 %, c'est-à-dire cinq fois moins que pour le pourcentage de la moyenne des manuels.

Le manuel produit par des *autres-Français* énonce un discours sur la représentation espagnole qui correspond, état de fait troublant, presque à la moyenne générale que nous avons dégagée : 0,57 % contre 0,6 % pour la moyenne générale. Les énonciateurs-auteurs savent que le manuel est destiné à un public d'apprenants espagnols et mettent ainsi en discours leur communauté d'appartenance. Dans tous les cas, le déséquilibre avec la mise en discours de la représentation française reste important puisque le Contrat de parole est le plus significativement en faveur de la valorisation.

Pour ce qui est des procédés de valorisation/dévalorisation de la communauté espagnole, les résultats concernant la valorisation (22,22 %) suivent la tendance générale (21,01 %). Par contre, la dévalorisation est deux fois plus importante (11,11 %) et le Contrat de parole davantage rompu rendant encore plus positive la représentation de l'*autre*. L'apprenant qui utilise un manuel conçu en France sera davantage confronté à une représentation positive de l'*autre*. Dans le cas inverse, la construction s'effectuera selon la représentation que l'énonciateur a de sa communauté, souvent structurée par le contexte socio-historique.

La représentation européenne dans les manuels

L'analyse quantitative va nous donner des renseignements sur la « bonne santé » (O. Douville et J. Galap 1994 : 333) de la représentation commune du *même* et de l'*autre* mais aussi des *autres*, ces différentes nations qui composent l'Union Européenne.

La relation dialectique ne se joue pas sur cet axe où le *même* se positionne par rapport à l'*autre* mais par rapport à des *autres* dont l'*autre* fait partie.

Émergence d'une représentation commune

Pour cette étude, nous avons relevé les désignants *Europe, Européen* et *européen*. Quantitativement, on peut constater que la représentation européenne existe dans notre corpus puisque la moyenne des occurrences est de 0,41 toutes les dix pages, soit 1 toutes les 24 pages. Ces résultats sont deux fois moins importants que les occurrences concernant les représentations du *même* (0,6) et dix fois moins que celles de *l'autre* (3,58). Le rapport quantitatif entre les différentes occurrences est donc hiérarchisé. L'*autre* est l'objet de discours de prédilection, puis vient le *même* et enfin la représentation commune.

Moyenne sur 10 pages de la somme des désignants relatifs à la représentation *européenne*, par pays

Allemagne	0,21
Autriche	0,27
Belgique	0,09
Danemark	0,86
Espagne	0,97
Finlande	0,23
Grande-Bretagne	0,60
Italie	0,36
Pays-Bas	0,22
Portugal	0,30
Suède	0,41
Moyenne	*0,41*

En ce qui concerne les différents pays, il est caractéristique de constater que la Grande-Bretagne et le Danemark, qui sont les pays du corpus qui mettent le plus en discours l'*autre*, le font aussi pour *l'Europe*. Tout se passe comme si l'altérité débouchait sur la construction d'une représentation commune, alors que le *même* a également été fortement défini. Mais n'oublions pas non plus que ces nations semblent les plus réticentes à s'intégrer dans l'Union Européenne. Cette importante quantité d'occurrences peut être le reflet de cette inquiétude.

La Suède, l'Italie, l'Espagne sont des pays dont les manuels contiennent en discours une importante moyenne relative à la représentation européenne. Cette entité commune semble être conçue comme essentielle.

Par contre, les énonciateurs-auteurs des manuels de Finlande, des Pays-Bas, du Portugal, d'Allemagne et d'Autriche mettent cette représentation assez peu fréquemment en discours. À quoi cela est-il dû ? Nous aurions pu penser que les manuels d'Allemagne et d'Autriche, en raison du passé, auraient plus volontiers prédiqué cette entité commune. Il n'en est rien et cela est peut-être la marque d'une résistance à un « nous » encore entaché de conflits passés.

Pour ce qui est des Pays-Bas et de la Belgique, nous pensons que sa faible présence en tant que *même* ne favorise pas le rapprochement avec l'*autre* et la représentation européenne.

Le corpus de Finlande qui contient en revanche de très nombreuses occurrences valorisantes du *même* mais peu concernant la représentation européenne ne semble pas prêt à intégrer une entité qui pourrait inquiéter la sienne. Les résultats quantitativement faibles peuvent être expliqués par un désintérêt ou une peur de la pluralité identitaire qui pourrait « menacer » la représentation communautaire.

Pourcentage des occurrences valorisées, dévalorisées et neutres : un moyen terme entre les représentations du même *et de* l'autre

Moyenne sur tous les pays du pourcentage des occurrences neutres, valorisées, dévalorisées des désignants relatifs à la représentation *européenne*

Occurrences en %	L'*autre*	Le *même*	Représentation *européenne*
Occurrences neutres	82,33	73,82	79,49
Occurrences valorisées	10,10	21,01	13,89
Occurrences dévalorisées	7,55	5,17	6,63

Le Contrat de parole est davantage respecté pour la représentation européenne que pour celle du *même* mais pas autant que pour celle de l'*autre*. Il est rompu pour une valorisation importante : 13,89 % des occurrences par rapport à la représentation de l'*autre*. Mais cette valorisation n'atteint pas celle du *même* qui se dévalorise le moins possible. La dévalorisation de la représentation européenne est d'1,5 % supplémentaire par rapport à la représentation du *même*. La dévalorisation reste encore la plus importante quand il s'agit de l'*autre*.

Cette représentation commune semble comme un moyen terme entre la représentation de l'*autre* qui est la moins valorisée et la plus dévalorisée et celle du *même* qui suit la tendance inverse. Ni trop valorisée, ni trop dévalorisée, cette représentation commune est bien l'expression d'un *nous* potentiel.

Maintenant que se passe-t-il selon les différents pays ? Observons le tableau.

Pourcentages des occurrences neutres, valorisées, dévalorisées des désignants relatifs à la représentation *européenne*, par pays

Occurrences en %	**Identité de l'*autre***	**Identité du *même***	**Identité *européenne***
Occurrences neutres	82,35	73,82	79,49
Occurrences valorisées	10,10	21,01	13,89
Occurrences dévalorisées	7,55	5,17	6,63

Il faut remarquer que, comparé aux autres analyses quantitatives concernant le *même* et l'*autre*, le Contrat de parole est respecté à 100 % dans les manuels d'Allemagne et de Belgique. La Finlande le respecte aussi presque systématiquement (96 %). Les énonciateurs de ces ouvrages, s'ils mettent en discours une représentation européenne s'abstiennent d'évaluer cette entité nouvelle.

On aurait pu s'attendre à une valorisation de l'Europe par l'Allemagne car ce pays a beaucoup participé à la construction européenne. Il n'en est rien. Les énonciateurs-auteurs respectent leur Contrat de neutralité.

Les manuels d'Espagne et de Finlande contiennent uniquement des procédés de valorisation. Ces résultats montrent la volonté de faire comprendre à l'apprenant l'aspect positif d'une représentation européenne. D'autres pays, comme le Portugal ou la Suède, ont quantitativement un pourcentage important d'occurrences valorisées avec respectivement plus de 30 % et 36 % du total. Même si les procédés de dévalorisation sont présents, leurs faibles proportions font que ces manuels semblent favoriser une intégration européenne. Il en va de même pour la Grande-Bretagne. Mais d'autres manuels sont plus partagés à ce sujet comme ceux d'Autriche (9,52 % de procédés de valorisation ou de dévalorisation), du Danemark ou de l'Italie et donnent une représentation mitigée de l'«européanité », si l'on peut dire. Les ouvrages des Pays-Bas sont les seuls à contenir deux fois plus de procédés dévalorisants que valorisants. Il faut rappeler que ce dernier corpus est un des rares dans lequel les énonciateurs dévalorisent davantage l'*autre* qu'il ne le valorise. Par ailleurs, le *même* n'est jamais dévalorisé. Ce cas de figure indique que toute représentation de l'altérité est dévaluée alors que l'auto-représentation est très positive. Ce corpus est un exemple de démarche interculturelle qui n'est pas « signe de bonne santé » des relations entretenues par le *même* et les *autres.*

Analyse qualitative : les représentations interculturelles et leur investissement par désignant

Il s'agit maintenant de relever les représentations les plus récurrentes associées aux différents désignants.

Les représentations associées aux toponymes

Les représentations de la France

La représentation de la France est associée avant tout au monde physique. En effet, environ une occurrence sur trois concerne le désignant en tant que repère géographique, un locuteur ou un objet peut être ainsi repéré. Les manuels pour débutants utilisent encore davantage cette zone. Il semble logique que l'énonciateur-auteur donne à voir rapidement à l'élève l'aire géographique de référence dont il enseigne la langue. C'est d'ailleurs la raison pour laquelle la francophonie, qui est une sorte de non-coïncidence entre l'espace géographique de base et la langue apprise, semble davantage être présentée à des publics avancés. Tout se passe comme si l'apprenant devait d'abord connaître les 3 termes de l'identité sociolinguistique de *l'autre* avant de comprendre qu'elle n'est pas si fixe.

Le toponyme renvoie aussi à une histoire, celle d'un pays : l'Histoire de France (une soixantaine d'occurrences). Cette mise en discours du toponyme était attendue. Cette « strate archaïque », selon la catégorisation de H. Boyer (1995), est davantage présente dans les manuels pour niveaux avancés que pour débutants. Cette culture patrimoniale ne semble exposée qu'après une compétence langagière minimale.

Les « moyens de transport » sont également mis en discours. De nouveau, le toponyme se trouve dans ses emplois privilégiés puisqu'il renvoie à une aire géographique et à son urbanisation.

Enfin, la représentation de la France est associée à la relation aux *autres* au sein de l'hexagone et particulièrement à la question de l'immigration. Mais finalement, l'immigration n'est-elle pas avant tout une question de territorialité ? Les manuels de Finlande, des Pays-Bas, d'Autriche et de Grande-Bretagne en font des thèmes récurrents, tant dans les manuels pour débutants que pour avancés. Il faut remarquer que le manuel français ne met pas explicitement cette « zone », selon l'expression de R. Galisson (1991), en discours si ce n'est qu'il met en scène des énonciateurs-personnages qui sont des enfants de migrants.

Enfin, des représentations de la France économique et sportive sont assez récurrentes.

Il est maintenant intéressant de constater une ambiguïté quant aux représentations de la France. En effet, il semble que le référent devient alors « les Français ». Les exemples les plus frappants apparaissent lorsque le toponyme admet un verbe dont le sujet est ordinairement un agent animé humain :

> *La France mange de la tomate espagnole pendant l'hiver, de la marocaine au printemps. Les tomates françaises arrivent sur le marché au début de l'été. Comment pourrait-on aider le paysan français à vendre sa récolte ?* (p. 168) **(ALL-AV-L.F.-79)**

La France fait la sieste [au mois d'août] Bref, la France est comme endormie ! Cela coûte très cher à l'économie française. Mais c'est l'habitude et c'est très dur à changer. (p. 130) **(IR-DÉB-C.CA.-97)**

Les syntagmes verbaux *manger, faire la sieste* et *être endormie* sont généralement prototypiques des activités humaines. Il en va de même pour les notions d'*habitude* et de *changement.* C'est donc bien à la classe des *Français* que ces syntagmes verbaux et ces notions renvoient et non à la *France* en tant qu'aire géographique.

La question que nous pouvons nous poser est pourquoi l'énonciateur-auteur utilise ce procédé discursif que l'on appelle aussi « personnification », figure de style du domaine littéraire ?

Selon nous, ces énoncés ont un caractère dévalorisant. Dans le premier cas, on pourrait gloser, *le paysan français* « a des problèmes » puisque l'énonciateur-auteur demande *comment pourrait-on aider le paysan français [...] ?* Dans la seconde occurrence, *l'habitude* de la *France* à *être endormie* au *mois d'août coûte cher à l'économie française.*

Pour ne pas stigmatiser les *Français*, l'énonciateur-auteur utilise ce procédé de personnification du toponyme. Nous pouvons faire une observation identique de l'occurrence précitée :

La France n'est pas paresseuse. La France est organisée. (p. 355) **(IT-AV-AMI.-89)**

Dans ce cas, l'énonciateur-auteur nie l'attribution de la qualité *paresseuse* et la remplace par *organisée* dont le caractère évaluatif est plus positif.

Une autre possibilité de donner une représentation de l'ethnonyme par le toponyme est d'utiliser le pronom « on ». En effet, celui-ci peut renvoyer à n'importe quelle personne de la conjugaison et a donc la capacité de faire référence à la notion *Français* par simple mise en discours conjointe du toponyme.

En France, on appelle souvent le cinéma le 7e art. (p. 215) **(IR-DÉB-C.CA.-97)**

C'est en France qu 'on a le plus d'humour, c'est certain ! (unité 7) **(AUT(ALL)-AV-RDV-86)**

Divorce (en France) 100 000 divorces par an. Hausse enrayée depuis 1987, on divorce plus tôt. Trois demandes sur quatre faites par les femmes [...] (p. 20) **(GB-DÉB-AU.P.-94)**

> *Qu'est-ce qu'on fait en France pendant le Carnaval ?* (p161) **(IT-DÉB-PRISM.-94)**

Quand *on* est le sujet de l'énoncé et qu'il n'y a pas de précision contraire, le pronom renvoie à l'ensemble de la classe d'animés humains qui est localisé par rapport à la *France*, soit les *Français*. Les syntagmes verbaux requièrent des agents typiquement humains comme *appeler, avoir de l'humour, divorcer* et *faire (le Carnaval)*. Tous ces énoncés ont pour source l'énonciateur-auteur du manuel dans le cadre de documents fabriqués. Le *on* est donc une forme de *ils*. Mais pourquoi le toponyme est-il absent ? Ce procédé permet une généralisation sur la classe tout en évitant une focalisation plus « voyante ». Il semble donc que les représentations soient « gigognes », l'un dans l'autre en ce qui concerne la France et les Français et ceci pour respecter le Contrat de parole.

Les représentations du même

Comme nous l'avons vu pour le désignant toponymique relatif à l'*autre*, celui-ci sert en priorité la représentation de l'espace. Le toponyme permet de comparer les territoires du *même* et de l'*autre* et les pratiques qui s'y déroulent.

> *Le fait de dire « Famille, je m'en vais » est donc plus rare et peut-être plus dramatique en France qu'en Angleterre par exemple. [...] Si vous avez vous-même passé quelques temps dans la famille d'un correspondant français, vous aurez pu constater par vous-même la manière dont les relations familiales sont vécues, et faire des comparaisons avec la Grande-Bretagne.* (p. 2) **(GB-AV-PT.DÉP.-93)**

Le toponyme est aussi fréquemment mis en discours avec la strate archaïque historique. On a dit que les événements socio-historiques permettaient un positionnement de type « compléter ». Nous retrouvons ce constat du point de vue de l'utilisation du toponyme.

L'Histoire : l'effet d'union des personnages et des toponymes

Il est caractéristique d'observer que l'Histoire mise en discours avec les entités du *même* et de l'*autre* permet « l'union » des deux communautés.

Ce que nous appelons l'« effet d'union » est plus ou moins total selon les procédés discursifs utilisés. S'il s'agit de la conjonction de coordination *et*, les deux entités se complètent :

> *Les 3 personnages suivants font partie de l'Histoire de France et de Grande-Bretagne.* (p. 148) **(GB-DÉB-ARC3-90)**

> *Repérez les éléments qui montrent les racines communes et les liens historiques entre la France et l'Italie ?* (p. 484) **(IT-AV-AMI.-89)**

Cet effet d'union est en partie accentué par une série limitée de « personnages » ou d'« éléments » communs. Ce fond historique commun prend souvent son origine dans des personnages historiques ayant eu des destins dans les deux pays en question comme dans le premier exemple ou celui que nous donnons maintenant :

> *Le nouveau roi, Charles XIII, n'avait pas de fils. Alors, un jeune officier suédois, en mission à Paris, prit contact avec Bernadotte et, en 1810, Bernadotte fut élu Prince héritier de Suède !* (p. 66) **(SUÈD-DÉB-GD.PRIX-87)**

Par ailleurs, on peut remarquer que la mise en discours d'autres lieux faisant référence au *même* est un procédé récurrent et participe de la valorisation de soi. Il s'agit le plus souvent de la capitale. *Berlin* dans **(AUT(ALL)-DÉB-RÉA-92)**, *Vienne* dans **(AUT-DÉB-T.H.1.-86)** ou des lieux symboliques, qui ne sont cependant pas exploités en tant que tel, comme *Posdam*, *Sarrebruck*, ou la *Rhurstrasse* dans **(AUT(ALL)-DÉB-RÉA-92)**.

La plupart du temps, ces occurrences sont données à titre d'exemples dans les exercices. Leur présence est de nouveau un procédé de valorisation. Elle permet de mettre en valeur des éléments de l'ethnosocioculture du *même*, par exemple le patrimoine :

> *À Lisbonne, en 1983, un musée d'Art Moderne a ouvert ses portes. Que peut-on y voir ? Il y a aussi, à Lisbonne, un Centre d'Art et de culture. Tu le connais ? Écris son nom* (p. 97) **(PORT-AV-BAND.VD.-93)**

L'Europe *par rapport aux* autres

À l'analyse qualitative du toponyme, on s'aperçoit que la notion de spatialité est mise en discours afin de permettre une mise en rapport avec d'autres continents. Dans ce cas « l'« Europe » [...] se présente[nt] ainsi comme un ensemble de pays, au sein duquel la France n'est qu'un parmi d'autres » et non « comme un prolongement, une extension de la France » (S. Bonnafous 1991 : 194). Dans notre cas, on pourrait aussi ajouter que cette présentation ne va pas sans une mise en discours d'une *autre* aire géographique.

Comme nous l'avons vu précédemment, la dynamique des représentations interculturelles fait qu'elles se définissent par rapport à une autre entité. Il semble logique de constater que l'*Europe* soit en discours dans des énoncés comportant une identité qui puisse être comparable : un autre continent. Dans la plupart des cas, le terme-repère est le continent « Amérique ». Cependant, l'énonciateur renvoie souvent à un pays spécifique de l'Amérique : les États-Unis. Cet abus de langage courant, qui entraîne l'assimilation des États-Unis à l'Amérique tout entière, est dû à l'importance économique et politique de ce pays. Voilà les raisons pour lesquelles ce pays est une aire géographique mise en discours avec l'*Europe :*

> *Le phénomène des hippies essaimait à travers toute l'Amérique. Les étudiants brûlaient leur livret militaire sur les campus et les grenades lacrymogènes explosaient à Berkeley en 1967. En Europe, aussi la décennie finissait dans les larmes des grenades lacrymogènes [...].* (p. 260) **(IT-AV-AMI.-89)**

Si l'on considère que Berkeley est localisé sur le territoire des États-Unis, on remarque une comparaison de l'Europe sur le mode de l'identification repérable discursivement par une similitude des constituants sur l'axe syntagmatique (*des grenades lacrymogènes)*.

Quand il ne s'agit pas d'une mise en discours conjointe des États-Unis et de l'Europe, on peut remarquer que le syntagme nominal « États-Unis » sert de référence à la création d'un syntagme du même modèle, soit « Europe Unie » :

> *Vous allez participer à une manifestation pour l'Europe Unie. Préparez des pancartes.* (p. 432)**(IT-AV-AMI.-89)**

> *Imaginez-vous l'avenir ?*
> *Un président de l'Europe Unie aura été élu au suffrage universel.* (p. 42) **(SUÈD-AV-EN.P.-87)**

Or, le syntagme consacré à l'heure actuelle est l'Union Européenne, et ceci depuis 1992, au moment du traité de Maastricht. On se rend bien compte qu'antérieurement à cette date, comme en témoignent ces occurrences, le syntagme a été créé sur le modèle des États-Unis, qui servait alors de référence. De fait, voilà peut-être la raison pour laquelle le syntagme finalement retenu a été « l'Union Européenne », afin de se démarquer du schéma américain.

D'autres continents sont mis en discours et parmi eux on retrouve fréquemment l'Afrique, dévalorisée par rapport à l'Europe :

> *La merde comme en Afrique, ça n'existe pas en Europe. [...] C'est impossible en Europe alors c'est vraiment impossible de comparer l'Afrique et l'Europe.* (p. 79) **(DAN-DÉB-TRI.-90)**

Dans cet énoncé, la dévalorisation est d'autant plus forte que l'énonciatrice est Africaine et qu'elle déclare la comparaison de continents « impossible ».

Il peut aussi s'agir d'une référence au « Tiers-Monde », mis en discours de nouveau dévalorisante pour l'Europe :

> *M. Dupré : Mais vous savez, il n'y a pas que l'Europe. C'est fou ce qu'il y a comme problèmes dans les pays du Tiers-Monde.*(p. 102) **(FINL-AV-P.A.-96)**

La valorisation peut aussi s'effectuer explicitement par rapport à l'ensemble des autres continents :

> *Sur les autres continents [...] le risque d'être tué est 40 fois plus élevé qu'en Europe.* (p. 144) **(GB-AV-PT.DÉP.-93)**

Les représentations associées aux ethnonymes

Représentations des Français

Tout d'abord, les *Français* sont le plus souvent repérés par rapport à un espace, une région, dans le « monde physique ».

Deuxième constatation, les manuels de tous les pays mettent en discours les *Français* en relation avec « la nourriture et les repas ». Un manuel irlandais comme *C'est ça* **(IR-DÉB-C.CA.-97)** emploie à neuf reprises le désignant dans de tels énoncés. Ce constat trouve une explication dans des énoncés du type :

> *« D'après un sondage, 77 % des Français pensent que la France est le pays où l'on mange le mieux »* (p. 40), **(DAN-DÉB-TRI.-90)**
>
> *[...] les Français aiment bien manger [...]* (p. 77) **(DAN-DÉB-TRI.-90)**
>
> *Les Français et la cuisine* (p. 137) **(IT-AV-AMI.-89)**
>
> *La cuisine, c'est du sérieux pour les Français !* (p. 265) **(IR-DÉB-C.CA.-97)**

Ensuite le cycle des fêtes et des saisons est fortement investi et ceci nettement plus pour les niveaux débutants qu'avancés. Il en va de même pour le travail et les loisirs. Nous remarquons que ce découpage autour de l'animé humain renvoie à ces activités, qu'elles soient professionnelles ou de loisirs.

Il faut noter que des manuels récents continuent à attribuer aux *Français* des caractéristiques physiques. En témoigne cet énoncé qui date d'un manuel de 1995 et qui réduit les *Français* des différentes régions de France à des types physiques :

> *Profil français :*
> *Dans le nord de la France : les Français sont assez grands, ils ont les cheveux clairs, les yeux bleus.*
> *Dans l'est de la France : les Français sont très grands, ils ont les cheveux foncés et les yeux foncés.*
> *Dans le sud de la France : les Français sont assez petits et minces, ils ont les cheveux bruns et les yeux marron.* (dossier 3) **(PORT-DÉB-ON.Y.VA-95)**

Les représentations du toponyme chez le même : des effets déculpabilisants

Nous avons vu que le toponyme servait souvent à effectuer un rapprochement des entités qui ont un fond historique commun. L'ethnonyme est en revanche utilisé d'une façon sensiblement différente du toponyme. Si, par implicite pragmatique, le co-énonciateur peut toujours reconstruire que le *même* et l'*autre* ont un passé commun, l'énonciateur l'énonce avec un objectif de déculpabilisation des conflits passés.

Si la culpabilité existe, il y a eu « faute » d'une des parties qui a engendré le conflit.

Le premier type de procédé discursif rejette l'assertion culpabilisante. C'est le cas, par exemple, de l'Allemagne qui rejette, par effet de dialogisme, la voix française qui énonce « l 'Allemagne est le pays des masses disciplinées », qui renvoie à l'obéissance aveugle du peuple allemand pendant la Seconde Guerre mondiale :

> *Maintenant ils (les Français) savent que l'Allemagne n'est plus le pays des masses disciplinées.* (unité 7) **(AUT(ALL)-AV-RDV-86)**

Dans le second cas, l'énonciateur choisit d'utiliser un vocabulaire antinomique de celui de la notion de guerre. Ce phénomène est visible quand l'objet de discours est la colonisation :

> *Depuis 1880 Gambetta puis Jules Ferry ont choisi [...] et tranché en faveur de l'ambition française, face aux Allemands, aux Belges et surtout aux Anglais. Leur ambition ? Étirer vers l'est une Afrique occidentale encore trop côtière.*
> *Ils [les Français] n'auront jamais pour ces colonies [...] l'amour ardent des Britanniques.* (p. 120) **(GB-AV-PT.DÉP.-93)**

> *Les Espagnols ont rencontré la civilisation des Aztèques. [...] Les Portugais ont exploré le Brésil.* (p. 128) **(ESP-AV-ÉT.2.-95)**

Le subjectivème affectif *amour* ainsi que les verbes *rencontrer* ou *explorer* sont autant de rapports positifs à l'*autre*, opposé à la notion de guerre. Ce procédé déculpabilise les ethnonymes « agresseurs ».

Représentations des Européens

Premier constat, les jeunes Européens sont très souvent mis en discours. Tout se passe comme s'il y avait une éducation implicite à une identité commune, européenne. L'ethnonyme est fréquemment observé dans des situations dans lesquelles les énonciateurs-personnages sont de l'âge des apprenants ou bien les apprenants eux-mêmes sont convoqués par rapport à l'identité européenne. En cela, on peut dire que nous sommes en présence d'une éducation, d'un apprentissage de l'identité européenne.

L'ethnonyme peut être mis en discours par des énonciateurs-personnages que l'on peut identifier comme sociologiquement proche des élèves. Dans l'occurrence qui suit, le personnage appartenant à la communauté du *même* exprime sa volonté de rencontrer d'autres *Européens* :

> *Je voudrais correspondre avec des Européens en français ou en anglais.* (p. 70) **(IR-DÉB-C.CA.-97)**

Nous remarquons aussi que l'ethnonyme apparaît implicitement dans les occurrences de *nous* qui renvoient aux *Européens.* Ce *nous* semble en émergence dans le sens où il n'est pas directement attribuable à l'ethnonyme mais peut se reconstruire comme tel. Étudions deux exemples révélateurs de ce phénomène :

> *La mère : [...] Mais moi je me sens un peu gênée quand je pense qu'il faudra cohabiter avec quelqu'un qu'on voit pour la première fois. Et puis un Espagnol.*
> *Christelle : D'abord, les Espagnols, les Allemands, les Italiens, c'est des gens comme nous, il n'y a aucune différence, seulement la langue...* (p. 431) **(IT-AV-AMI.-89)**

> *Nous pouvons circuler librement sans papier au sein de l'Union européenne.* (p. 207) **(GB-DÉB-AU.P.-94)**

Dans le premier énoncé, le *nous* renvoie aux Français puisque les énonciateurs-personnages font partie de cette communauté. Le fait d'opérer une identification presque totale (*c'est des gens comme nous, il n'y a aucune différence, seulement la langue...*) fait que le *nous* peut renvoyer à d'autres nationalités européennes précédemment citées (*Espagnols, Italiens, Allemands*), donc des Européens.

Dans le second énoncé, l'énonciateur est difficilement identifiable. Il s'agit d'un document authentique (donc relevant du *même*). Il est donc malaisé de dire si le *nous* renvoie à la communauté du *même* ou bien à celle de l'*autre.* Mais tous les ressortissants de l'Union Européenne ont cette capacité conférée par les instances de *circuler librement dans l'Union.* En cela, on peut dire que le *nous* peut renvoyer à toute la classe des Européens.

Le *nous* européen ethnonymique est donc en émergence dans le corpus et on le retrouve clairement dans quelques rares occurrences, lorsque des énonciateurs-personnages parlent de l'Europe :

> *J'aimerais bien que notre génération réalise le grand rêve d'une Europe sans frontières.* (p. 431) **(IT-AV-AMI.-89)**

De nouveau, on remarque que ce *nous* concerne les jeunes Européens. Cette volonté d'éduquer les jeunes générations à cette identité européenne nouvelle est bien visible dans les manuels.

Les représentations associées aux langues

Trois types de représentation du français

Mettre en discours la langue de *l'autre* dans un manuel de français langue étrangère c'est faire référence à trois types d'énoncés particuliers. Le premier, celui auquel on s'attend le plus, est le discours métalinguistique. La langue de *l'autre* est un objet d'apprentissage et l'énonciateur-auteur y fait référence dans le cadre de cette acquisition. Ce type de discours est ainsi métalinguistique puisque sa particularité est de décrire des objets linguistiques :

> *Faites une liste des « mots courants de la vie » que vous aimeriez connaître en français.* (dossier 0, 1). **(BELG-DÉB-BON.CH.-88)**

Le second type d 'énoncé que l'on retrouve le plus, par ordre de fréquence, renvoie à une localisation. La langue française est située par rapport à un espace donné, qu'il s'agisse de la France, d'une de ces régions ou d'une aire géographique en dehors de l'espace national.

> *[...] Elle a une amie française, elle a une amie française à Paris [pour parler français avec elle.].* (dossier 6) **(PORT-DÉB-ON.Y.VA-95)**

> *Pourquoi est-il nécessaire pour les gens du Languedoc de parler français.* (p. 23) **(ALL-AV-L.F.-79)**

> *[...] et on parle français en Afrique et au Canada.* (p. 127) **(ESP-AV-ÉT.2.-95)**

Bien évidemment, ce repérage de la langue en fonction d'un territoire introduira un troisième type de discours d'ordre épilinguistique qui rendra compte des imaginaires linguistiques des *autres* et que l'énonciateur-auteur reconduit. On trouve en cela de fréquentes occurrences sur les langues régionales, notamment que le manuel provient d'un pays qui a lui-même des langues régionales.

Les représentations de la langue du même

En sociolinguistique, deux cas de figure sont possibles en regard d'une aire géographique. Soit la langue s'exporte de ce territoire vers un(des) autre(s) espace(s) géographique(s), soit une(des) langue(s) est (sont) importée(s) vers ce territoire. Dans le cas où la langue est exportée, elle s'en trouve valorisée dans son lieu d'origine. Par contre, si une(des) langue(s) nouvelle(s) vien(nen)t à être parlée(s) sur une aire géographique, elle(s) rencontre(nt) en général des résistances et génère(nt) des conflits.

La langue du même sur le territoire des autres : un élément de valorisation sans trace de subjectivité

Il faut remarquer que les occurrences de la langue du *même*, dans une situation où elle est sur le territoire des *autres*, sont fréquentes. Ainsi, la valorisation de soi s'effectue sans qu'il y ait trace de subjectivité. On sait que tous les pays qui ont fait des campagnes de colonisation ont exporté leurs langues. Des pays comme la Grande-Bretagne ou l'Espagne profitent de cet état de fait pour en faire un élément de valorisation de *soi*[4] :

> *L'Ile Maurice. On y parle anglais.* (p. 133) **(GB-DÉB-ARC3-90)**

> *On parle espagnol ou portugais en Amérique centrale et en Amérique du Sud.* (p. 127) **(ESP-AV-ÉT.2.-95)**

Il faut remarquer que du point de vue linguistique, aucune marque de subjectivité explicite (les déictiques) ou implicite (les subjectivèmes) n'est visible. Seule la situation sociolinguistique nous fait dire qu'il s'agit d'une valorisation de l'expansion de la langue du *même*.

Il est également tout à fait intéressant d'observer qu'un manuel de langue étrangère peut être un espace au sein duquel le *même* a

---

[4] Ce type de procédé discursif comptabilisé avec les occurrences valorisantes. Pour la lisibilité du travail, nous n'avons pu en faire état antérieurement.

l'occasion de mettre en discours sa langue, mais aussi les autres langues, avec lesquelles elle co-existe.

C'est le cas de la Finlande et de l'Irlande. Ces pays ont eu des difficultés à obtenir leur indépendance nationale. La langue des anciens colons est toujours parlée sur le territoire. Ainsi, le finnois qui se trouve en rivalité avec le suédois est parfois mis en discours seul, de façon à être promu au rang de langue nationale, évacuant alors tout risque de concurrence comme dans l'occurrence :

En Finlande, on parle finnois. (p. 26) **(FINL-DÉB-CHÈR.M.1.-94)**

Pourtant, un peu plus avant dans le manuel, la concurrence était prédiquée pour expliquer les éventuelles ambiguïtés de nationalités (ce que nous avons déjà constaté lors de l'analyse du toponyme) :

Monsieur Loiseaux : Vous êtes suédoise, Mademoiselle ?
Melle Holm : Non, je suis finlandaise. En Finlande, on parle finnois et suédois. (p. 20) **(FINL-DÉB-CHÈR.M.1.-94)**

Cette concurrence semble être vécue, du moins dans les imaginaires linguistiques des locuteurs, sur le mode du bilinguisme :

Quelles langues sont parlées en Finlande ? (p. 188) **(FINL-DÉB-P.N.-95)**

La situation linguistique en Finlande n'est pas présentée de façon très claire selon les différents discours que nous pouvons trouver.

Dans les manuels irlandais, il est évident que l'énonciateur-auteur sait que l'irlandais est une langue minoritaire puisqu'il demande à l'apprenant s'il en a la compétence linguistique :

Tu sais parler irlandais ? (p 193) **(IR-DÉB-C.CA.-97)**

Lorsque l'objet du discours concerne les langues minoritaires en France, cela permet au *même* d'évoquer ses propres conflits de langues. En témoigne cet exemple tiré d'un manuel suédois dont l'énoncé est une comparaison des situations de langues minoritaires en France et dans les pays nordiques. Cette mise en rapport est linguistiquement marquée par *comme* puis subjectivisé par une axiologie négative (*violent, conflit*) portant sur la présence de la langue des Lapons :

La situation des minorités est très variable. Certaines minorités constituent la plus grande partie de la population d'une région comme les Catalans en

Catalogne ou les Corses, d'autres sont dispersés sur la totalité du territoire d'un État et d'autres sont installés dans plusieurs États comme les Basques en Espagne et en France, les Lapons en Norvège, Suède, Finlande et URSS. [...] Mais d'une façon générale, les problèmes posés par les relations entre les minorités et les États sont complexes et provoquent souvent de violents conflits. (p. 92) **(SUÈD-AV-COUL.FCE.-90)**

Finalement, la langue est le seul élément qui empêche la constitution d'une identité comme les autres, ce que nous pouvons observer dans cet exemple pré-cité :

Christelle : D'abord, les Espagnols, les Allemands, les Italiens, c'est des gens comme nous, il n'y a aucune différence, seulement la langue... (p. 431) **(IT-AV-AMI.-89)**

En effet, en Europe, la multiplicité des langues interdit l'unicité, même si l'anglais est souvent pressenti comme la langue unique de demain. Cependant, les instances européennes n'ont pas statué en faveur d'une langue. Au sein même du Parlement, toutes sont égales sauf le finnois à laquelle les Finlandais ont renoncé. La volonté d'une Charte sur les langues minoritaires semble par ailleurs indiquer que l'Europe va vers une reconnaissance de son multilinguisme. Les manuels donnent parfois à voir l'absence de correspondance qui existe entre les langues et leur répartition géographique en Europe (par exemple (p. 83) **(IR-DÉB-C.CA.-97)** .

On comprend peut-être ainsi mieux pourquoi l'apprenant qui s'approprie l'identité européenne ne puisse le faire qu'en ayant une connaissance de l'*autre* par la différence : la langue.

Pour une étude dynamique de la co-construction des représentations interculturelles

Les représentations interculturelles dans les manuels de français langue étrangère en usage dans l'Union européenne obéissent donc à une dynamique de co-construction. Il est donc pertinent de les étudier conjointement. Il se dégage, au niveau quantitatif, des résultats différents qui témoignent du contexte socio-historique et influence les futures représentations de l'étudiant. Dans tous les cas, les représentations de *soi* sont toujours plus valorisées que celles de l'*autre*. Une représentation européenne se dégage, nettement valorisée mais encore incertaine. Du point de vue qualitatif, on remarque combien les auteurs utilisent les désignants pour donner à voir leurs représentations en tentant de respecter leur Contrat de parole. La représentation de l'Union européenne s'amorce alors dans la comparaison avec le continent américain, tout en servant l'éducation des élèves à ce nouvel espace d'Union.

Pour avoir davantage d'éléments d'information, il faudrait maintenant pouvoir observer ce qui se passe dans les classes de français langue étrangère pour définir quelles sont les représentations qui sont véhiculées et comment l'enseignant aborde avec ses élèves la démarche interculturelle à partir des manuels étudiés.

BIBLIOGRAPHIE

AUGER N. (1997), « Les représentations de la France dans des manuels de FLE de trois pays de l'Union Européenne : Allemagne, Grande-Bretagne, Italie » in *Travaux de Didactique du français langue étrangère*, IEFE, Université Paul-Valéry, n°38, 237-250.

AUGER N. (1999), « Pertinence de la prise en compte des représentations dans l'élaboration des manuels de français langue étrangère », in *Journées internationales de linguistique appliquée (JILA), 24-25 juin 1999*, Travaux du LILLA, dir. H. Zinglé, publications de la faculté des Lettres, Arts et Sciences humaines de l'Université de Nice-Sophia Antipolis, 33-36.

AUGER N. (2000), « Construction triadique des représentations identitaires dans le discours des manuels de français langue étrangère de l'Union Européenne » *in Langue : fonctionnements, représentations, enseignement-apprentissage, Dipralang*, Service des Publications de Montpellier III, juin 1999.

BAGGIONI D. (1997), *Langues et nations en Europe*, Paris, Payot et Rivages.

BAKTHINE M. (1929/1977), *Le marxisme et la philosophie du langage*, Paris, Minuit.

BEACCO J.C, LIEUTAUD S. (1981), *Mœurs et mythes. Lecture des civilisations et documents authentiques écrits*, Paris, Hachette/ Larousse

BESSE H. (1984), « Éduquer la perception interculturelle », *Le français dans le monde*, n°188, 46-50.

BONNAFOUS S. (1991), *L'immigration prise aux mots*, Paris, Édition Kimé.

BOYER H. (1989), « Petit écran et représentations collectives », *Le français dans le monde*, 222, 63-68.

BOYER H., PENDANX M. (1985), « Les Français parlent aux Français - Un itinéraire pour l'acquisition d'une maîtrise de la francité » in *Travaux de didactique du français langue étrangère*, n° 13, CFP Université Paul-Valéry, Montpellier III, 57-78.

BOYER H. (1995), « De la compétence ethnosocioculturelle », *Le français dans le monde*, n°272, 41-44.

BOYER H. (1999), « L'imaginaire ethnosocioculturel collectif et ses représentations partagées : un essai de modélisation », in *Travaux de didactique du français langue étrangère, n°39*, IEFE Université Paul-Valéry, Montpellier, 5-14.

BYRAM M. (1992), « Images of "others" in foreign language textbooks » *in* K. Peter Frizsche (Hrsg.) *Schulbücher auf dem Prüfstand*, Frankfurt.

CHARAUDEAU P. (1983), *Langage et discours, éléments de sémiolinguistique*, Hachette, Paris.

DOUVILLE O., GALAP J. (1994), « Stratégies identitaires à l'épreuve du déracinement : L'exemple antillais », in *Bulletin de Psychologie*, Tome XLVIII-N°419, Paris, 332-341.

DURKHEIM E. (1960), *Les formes élémentaires de la vie religieuse*, PUF, 4e éd.

FLYE SAINTE MARIE A. (1994), « Actions de formation pour une compréhension de la diversité culturelle : un détour au-delà des images et un retour vers le "nous" » *in Bulletin de Psychologie*, Tome XLVIII-N°419, Paris, 431-437.

GALISSON R. (1991) *la langue à la culture par les mots*, coll. R. Galisson, Paris, Clé International.

GUIMELLI Ch. (1994) dir., *Structures et transformation des représentations sociales*, Neuchâtel, Delachaux et Niestlé..

KERBRAT-ORECCHIONI C. (1980/1997), *L'énonciation, de la subjectivité dans le langage*, coll. linguistique, A. Colin.

LADMIRAL J.-R, LIPIANSKY E.-M (1989), *La communication interculturelle*, Paris, A. Colin

MERLEAU-PONTY M. (1964), *Le visible et l'invisible*, Gallimard, collection Tel.

ORIOL M. (1994), « Le statut épistémologique des théories de l'identité », *in Bulletin de Psychologie*, Tome XLVIII-N°419, Paris, 260-263.

ORIOL M. (Dir.) (1984), 1988), *Les variations de l'identité. Étude de l'évolution de l'identité culturelle des enfants d'émigrés portugais en France et au Portugal.* Rapport final ATP CNRS 054, Fondation Européenne de la Science. (Vol. 1-2). Nice, Université de Nice IDERIC.

PORCHER L. (1982), « L'enseignement de la civilisation en questions », *Études de Linguistique Appliquée*, n°47, 39-49.

ZARATE G. (1982), « Du dialogue des cultures à la démarche interculturelle », *Le français dans le monde*, 170, 28-32.

ZARATE G. (1993), *Représentation de l'étranger et didactique des langues*, Paris, Didier, coll. CREDIF essais.

LISTE DES MANUELS COMPOSANT LE CORPUS

ALLEMAGNE

KRÜGER N., MÄRTEN M. (1992), *Bonjour, chers amis*, Volk und Wissen GMBH, Berlin, 128 pages.
(ALL-DÉB-BJR-92)

HELOURY M., MÖβER S., SCHENK-GONSOLIN S., VOLKMAR A. (1989), *Etapes 1*, Fransösisch fur gymnasium, Cornelsen, Wernsing, 160 pages. **(ALL-DÉB-ET.-89)**

BAUER H. G., BAUER E. (1979), *Lebendiges Französisch* 2, Max Hueber Verlag, Ismaning, 253 pages. **(ALL-AV-L.F.-79)**

BORBEIN V., GUY T.(1993), *Nouveaux dossiers sur la France*, Max Hueber Verlag, Ismaning, 160 pages. **(ALL-AV-N.D.F-93)**

AUTRICHE

EISL M., LUNER C., BOURGAIN J-G. (1988), *Tour d'Horizon, Band 1*, Salzburger Druckerei und Verlag, 172 pages. **(AUT-DÉB-T.H.1.-86)**

HELOURY M., SCHENK S., GREGOR G., MINUTH C. (1992), *Réalités 1*, Cornelsen, Berlin, 129 pages. **(AUT(ALL)-DÉB-RÉA-92)**

EISL M. (1992), *Tour d'Horizon, Band 3*, Salzburger Druckerei und Verlag, 240 pages. **(AUT-AV-T.H.3.-86)**

GSCHWIND-HOLTZER G., PAVILLARD S., ROYER P. (1986), *Rendez-vous 2, Französisch für Erwachsene, Wernsing* Armin Wolkmar, Cornelsen-Velhagen & Klasing GmbH & Co, Berlin, 240 pages. **(AUT(ALL)-AV-RDV-86)**

BELGIQUE

DECOO W., DUGARDEYN G., MASSON K., PRECKLER E. (1987), *Eventail 2, Livre-Source,* J. Van In, Lier, 272 pages.**(BELG-DÉB-ÉVEN.-87)**

BENOIT-WAGNER C., BORBEIN V., REIN A. (1988), *Bonne chance ! : A la carte*, Langenscheidt KG, Berlin-Munich, Oplag Verlag, 174 pages. **(BELG-DÉB-BON.CH.-88)**

EICHPERGER J., VANHEE G., DEPOORTER D., RAMARKERS D., VANHEMELRIJCK, VERLINDE S. (1988), *Arc-en-ciel 5*, Die Keure educatief, Brugge, 292 pages.**(BELG-AV-ARC.-88)**

D'HAENE St., RAMMELAERE P., DUCHÂTELET C., KEIRSEBILCK D., VANDEWIJER M.J. (1986), *Horizons 5*, Standaard Educatieve Uitgeverij, Antwerpen, 296 pages. **(BELG-AV-HORIZ.-86)**

DANEMARK

LANDGRAAF W., THYREGOD K., VEILEBORG B. (1993), *On y va tous 3,* P. HAASE & SØNS Forlag, Meulenhoff Educatief, Amsterdam, The Netherlands 1990, Dansk, 107 pages. **(DAN-DÉB-ON.Y.VA.-93)**

LAURITSEN K., CHRISTENSEN S. A. (1990), *Tricolore 3,* Grafisk, KØbenhavn, 111 pages. **(DAN-DÉB-TRI.-90)**

DAMKJAER L., KAMBSKARD E. (1990), *Passe-partout, formule F plus*, Munskgaard, 128 p.
(DAN-AV-PASS.P.-90)

GADE V. (1989), *Franskbogen*, forlaget systime a/s, Herning, 153 pages.**(DAN-AV-FRANS.-89)**

ESPAGNE

TAYLOR G, EDWARDS D., AVENDAÑO C., CHUMILLA G. (1995), *Etoiles 1, méthode de français*, rééd. (1992), Alhambra Longman, 170 pages. **(ESP-DÉB-ÉT.1.-95)**

TAYLOR G, EDWARDS D., AVENDAÑO C., CHUMILLA G. (1996), *Etoiles 2, méthode de français*, rééd. (1994), Alhambra Longman, 212 pages **(ESP-AV-ÉT.2.-95)**

BENITO J.F., MAESTU Ma.J., CHARAUDEAU P. (coordinateur linguistique) (1995), *Regards 1*, SGEL, Madrid, 183 pages. **(ESP-AV-REG.-95)**

[CAPELLE G., CAVALLI M., GIDON N. (1996), *Rythmes jeunes, méthode de français*, Hachette Livre, Paris, Ediciones SM, Madrid, 159 pages **(ESP(FCE)-DÉB-RYTHM.-96)**]

FINLANDE

AIKUISILLE R., NIVANKA E, SUTINEN S. (1994), *Chère Marianne 1*, Oy Finn Lectura Ab, Helsinki, 252 pages. **(FINL-DÉB-CHÈR.M.1.-94)**

-VUORINEN R., LUKANDER M., LANDEFORT A. (1995), *Pont-Neuf (Textes, exercices B3 1-3)*, Kirjayhtymä, Jyväskylässä, 413pages. **(FINL-DÉB-P.N.-95)**

HYÖVELÄ J., SANTAHOLMA K., VUORINEN R., VUORIO N. (1996), *Pont Astérisque (textes)*, Kirjayhtymä, Jyväskylässä, 236 pages. **(FINL-AV-P.A.-96)**

AIKUISILLE R., NIVANKA E, SUTINEN S. (1995), *Chère Marianne 2*, Oy Finn Lectura Ab, Helsinki, 268 pages. **(FINL-AV-CHÈR.M.2.-95)**

GRANDE-BRETAGNE

MILLER A., ROSELMAN L., BOUGARD M.-T. (1990), *Arc-en-ciel 3*, Mary Glasgow Publications, Norwich, 192 pages. **(GB-DÉB-ARC3-90)**

ARMSTRONG E., DEANE M., POWELL B. (1994), *Au point*, Walton-on-Thames, Nelson Languages, 260 pages. **(GB-DÉB-AU.P.-94)**

BOUGARD M.-T., MILLER H., MALCOLM H., ROSELMAN L. (1993), *Arc-en-ciel 4*, Mary Glasgow Publications (rééd. 1991), East Kilbride, 224 pages. **(GB-AV-ARC4-93)**

NOTT D. (1993), *Points de départ, manuel de l'étudiant*, London, Hodder et Stoughton, 257 pages.
(GB-AV-PT.DÉP.-93)

IRLANDE

FORTANIER I., MC MAHON B., CULLEN E., O LOINGSIGH M.C (1997), *C'est ça 1*, The Educational Company of Ireland with Institiuid Teangeolaiochta Eireann, Dublin, 356 pages. **(IR-DÉB-C.CA.-97)**

ITALIE

BENEVETI L., GUILLOU M.P, *Prisme*, Zanichelli, Bologne, 208 pages. **(IT-DÉB-PRISM.-94)**

LOMBARDONI A., OBERT N. (1998), *En plein, cours de langue française*, Scolastiche Juvenilia, Milano, 351 pages. **(IT-DÉB-EN.P.-98)**

CERAGIOLI M., SALVADORI E., SOMMADOSSI C., *Amicalement*, Marietti, Casale Montferrato, 521 pages **(IT-AV-AMI.-89)**

PAYS-BAS

TOUSSAINT-DEKKER A., VAN WESEMAEL T., HONDIUS E., HOPMANS P., VOS F. (1992), *Randonnées 4/5 havo*, Malmberg Den Bosch, Amstelveen, 215 pages. **(PB-DÉB-RANDO-92)**

ANCEAUX H., VAN BAARS J., VAN DER HAGEN C.E, DEN HARTOG G., KARS J.C., MULDER H., NIENHUIS L.J.A., LANDGRAAF W. (coordinator), (1987), *Hexagone 5/6 vwo*, Meulenhoff Educatief, Amsterdam, 321 pages. **(PB-AV-HEXA-87)**

PORTUGAL

PINTO BASTO G., SOUSA TRAVARES M., JOAO FRADE M. (1992), *Faites vos jeux, Francês iniciçao, 7° ano*, Editoria Replicaçao, Lisbonne, 158 pages. **(PORT-DÉB-F.VOS.J.-92)**

DE FREITAS A.N., LAPA M. (1995), *On y va, Francês 7° ano, nivel I*, Texto Editora, Lisbonne, 216 pages. **(PORT-DÉB-ON.Y.VA-95)**

PIXINHO C., GUERRA M.J., OSORIO M.C., SANTOS V. (1993), *La bande Vedette 8e année, niveau 4*, Didactica Editoria, Lisbonne, 265 pages. **(PORT-AV-BAND.VD.-93)**

PONCE DE LEAO E. (1991), *Nouvelle Francofolie 9 - Lingua Estrangeira I - Nivel 5*, Areal Editores, Porto, 126 pages. **(PORT-AV-NOUV.FRANC.-91)**

SUÈDE

KRUCKENBERG E., FRANKENDAL A.M., KRUCKENBERG A. (1987), *Grand prix 1*, Almqvist, Wiksell, Uppsala, 200 pages. **(SUÈD-DÉB-GD.PRIX-87)**

YTTERBERG H., HEESERUS K. (1989), *Ca ira 1*, Natur och Kultur, Stockholm, 248 p.
(SUÈD-DÉB-CA.IRA-89)

KIHLBERG G., LARSSON A. (1987), *En Piste 2,*Almqvist, Wiksell, Uppsala, 128 pages.
(SUÈD-AV-EN.P.-87)
HELLSTRÖM S.G., LANDNER C. (1990), *Couleurs de France*, Skolförlaget Gävle, Falköping, 160 pages. **(SUÈD-AV-COUL.FCE.-90)**

Patricia Gardies

LES REPRÉSENTATIONS INTERCULTURELLES DE FUTURS ENSEIGNANTS DE FLE

À l'aube d'une nouvelle ère, celle de l'« euro », où pain, brot, bread, pan, pane, brood ... s'achètent avec une seule et même monnaie, l'on ne peut s'empêcher de s'interroger. En effet, même en renouvelant l'opération, l'addition *« euro » + plurilinguisme* est toujours égale à *européens au pluriel.* Ce pluriel est important car il se matérialise en une Europe aux frontières terrestres mais aussi culturelles et linguistiques. Si les accords de Schengen octroient aux Européens la libre circulation au sein de cet espace, le terme « libre » mérite que l'on s'y attarde.

Le mot liberté peut se décliner de bien des façons mais c'est avant tout « l'état d'une personne qui n'est ni esclave, ni prisonnière », dans notre cas, il est surtout synonyme de compréhension et plus particulièrement d'intercompréhension. Lorsqu'un européen en rencontre un autre et que leur seul point commun est d'être membre d'un même espace, le doute s'installe. L'on est très vite « esclave et prisonnier » de sa propre langue et de la vision du monde qui en résulte et l'on est alors tenté de porter une appréciation un peu rapide. Se profilent alors très vite à l'horizon les inévitables clichés, stéréotypes ou autres représentations.

C'est sur une recherche basée sur un corpus de 157 enquêtes que s'appuiera notre réflexion. Un questionnaire, soumis à des étudiants de licence et maîtrise de Français Langue Étrangère, comportait outre les rubriques d'identification classique, deux types de consigne : les mots associés, (il a été demandé à partir d'un stimulus [4 pays européens : Allemagne, Espagne, Grande-Bretagne, Italie] d'exprimer en temps limité, 10 mn, les 5 premiers mots qui leur venaient à l'esprit) et une rédaction (45 mn) dont le sujet était le suivant : « Vous vous êtes porté(e) candidat(e) auprès du Ministère des Affaires Etrangères à un emploi à l'étranger. La Direction de la Coopération Culturelle et Linguistique vous propose un poste de coopérant et vous laisse choisir entre l'Allemagne, l'Italie, l'Espagne et la Grande-Bretagne. Vous choisissez un pays : lequel ? Donnez les arguments en faveur de ce choix et les réserves à l'encontre des autres possibilités. Mettez par écrit le fruit de vos réflexions ».

L'analyse des diverses données factuelles de ce questionnaire a permis de mettre à jour certains éléments corrélationnels (contenu des représentations) avec les résultats obtenus lors du dépouillement des mots associés et des rédactions.

Le traitement des enquêtes s'est principalement appuyé sur le répertoire des « Champs représentationnels » élaboré par Henri Boyer (1998) :

Champs représentationnels

1. **Perception globalisante du peuple (traits physiques, comportements sociaux, religion...) et du pays (climat, cadre naturel, situation socio-économique ...)**

2. **Identification institutionnelle, ethnographique et aussi folklorique, gastronomique, touristique...**

3. **Patrimoine culturel : œuvres, événements, patronymes, dates, objets...**

4. **Localisation géographique et/ou géopolitique. Mention de toponymes.**

5. **Caractérisation par la langue du pays, mots ou expressions empruntés à cette langue.**

6. **Allusions à la situation/relations/faits intercommunautaires.**

L'analyse du corpus selon ces différentes catégories a permis de définir certaines zones de prédilection des représentations et montrer que ces futurs enseignants de F.L.E. ne sont pas à l'abri des représentations les mieux partagées et donc le plus souvent figées. Le but d'une telle analyse est bien entendu d'être présentée au public enquêté et de susciter ainsi un regard autocritique.

I. LES MOTS ASSOCIÉS

Ce bref aperçu des principales occurrences des mots associés confirme bien l'existence et la variété des représentations :

Allemagne

Bière (69) ; Mur de Berlin/ Mur (50) ; Froid (34) ; Guerre (29) ; Hitler (26) ; Berlin (25) ; Nazisme/nazi (25) ; Choucroute (20) ; Bavière (13) ; Rigueur (13) ; Forêt (noire) (13) ; Blond(s) (12) ; Écologie/istes (10) ; Kohl (10) ; Europe (9) ; Musique (8) ; Discipline (7) ; Écologie (7) ; Forêt (7) ; Richesse (6) ; Histoire (6) ; Organisation (6) ; Rhin (5) ; Fête de la bière (5) ; Bonn (5) ; Chancelier (5) ; Propreté (4) ; Ordre (4).

Espagne

Soleil (59) ; Paella (48) ; Fête (50) ; Chaleur/Chaud (35/5) ; Corrida(s) (35) ; Flamenco (23) ; Vacances (17) ; Tapas (15) ; Barcelone (15) ; Mer (13) ; Famille (12) ; Andalousie (13) ; Musique (9) ; Madrid (9) ; Sangria (8) ; Dali (8) ; Convivialité (7) ; Danse (7) ; Plage (6) ; Bruit (7) ; Fiesta (6) ; Couleurs (6) ; Tourisme (5) ; Tauromachie (5) ; Taureaux (5) ; Tortillas (5) ; Nourriture (4) ; Pauvreté (4) ; Royauté (4) ; Picasso (4).

Grande-Bretagne

Pluie (54) ; Londres (50) ; Reine (23) ; Pub (19) ; Thé (17) ; Royauté (15) ; Musique (13) ; Humour (14) ; Big Ben (12) ; Froid (11) ; Brouillard (11) ; Ile (11) ; Tunnel sous la Manche (10) ; Vert (9) ; Lady Di (9) ; Froideur (8) ; Langue (8) ; Football (7) ; Pudding (7) ; Gris (5) ; Ecosse (5) ; Nourriture (5) ; Littérature (5) ; Tortillas (5) ; Buckingam palace (5) ; Famille royale (5) ; Culture (4) ; Rock (4) ; Conduite à gauche (4) ; Tony Blair (4) ; Tamise (4).

Italie

Pâtes (40) ; Venise (33) ; Mafia (33) ; Rome (25) ; Pizza (25) ; Soleil (21) ; Machisme/macho (21) ; Spaghetti (17) ; Art(s) (17) ; Chaleur (14) ; Beauté (11) ; Botte (11) ; Florence (11) ; Gondole(s) (11) ; Culture (10) ; Architecture (10) ; Carnaval (9) ; Gestuelle/gestes (8) ; Pasta (8) ; Famille (7) ; Pise (7) ; Café (6) ; Couleur(s) (6) ; Peinture (6) ; Romantisme (6) ; Pape (6) ; Cinéma (6) ; Drague/dragueurs (9) ; Vacances (5) ; Sicile (5) ; Langue (5).

Tableau comparatif des mots associés
(par champ et par pays en %)

Pays / *Champs*	Allemagne	Espagne	Grande Bretagne	Italie
Champ 1	**34,5 %**	**41 %**	**36 %**	**33 %**
Champ 2	18 %	**37 %**	**19 %**	**25 %**
Champ 3	**26,5 %**	13 %	**21 %**	17 %
Champ 4	8,5 %	4 %	11 %	15 %
Champ 5	4,5 %	4 %	11 %	6 %
Champ 6	4 %	1 %	3 %	4,5 %

Allemagne

1. Perception globalisante du peuple (traits physiques, comportements sociaux, religion...) et du pays (climat, cadre naturel, situation socioéconomique ...)

Cette première catégorie basée sur la perception globalisante du peuple et du pays prend une place importante dans les représentations que les personnes interrogées se font de l'Allemagne.

Si le stéréotype de l'Allemand « blond, grand, aux yeux bleus » semble dépassé, 8 % des personnes interrogées associent encore l'adjectif *blond* à l'un des traits physiques de l'Allemand.

Le climat représenté par l'adjectif *froid,* connoté négativement, est le mot le plus fréquemment cité dans cette catégorie, 22 % de l'ensemble des réponses pour désigner l'Allemagne ! Au-delà même de l'indication météorologique, c'est le sentiment de perception général qui ressort de l'ensemble des mots associés concernant ce pays. *Gris* (3 %) et *neige* sont les deux seules autres références climatiques citées.

La mentalité régnant outre-Rhin se décline en plusieurs substantifs révélateurs :

Rigueur (8 %), *discipline* (5 %), *dureté* (3 %), *ordre* (3 %), *organisation* (3 %), *autorité, autodiscipline en voiture, carré, concision, froideur, méthodique, propreté, rectitude, rigidité, travail...*

Ce champ, focalisé autour des idées d'ordre et de pouvoir, majoritairement connotées négativement, trouve un nombre restreint d'opposition puisque seuls les mots *convivialité, accueillant, sympathique, ouvert* apparaissent de façon isolée.

Comme le souligne J. Demorgon : « Pour fonder leur perception, les Français se réfèrent à une image de la culture allemande héritée de la Seconde Guerre mondiale. Si tragiques qu'aient été ces événements, ils ne peuvent pas être pris comme unique référence pour comprendre l'autorité dans la culture allemande.[...] » (1999 : 193) mais l'influence de cette période semble encore très forte sur les représentations de la mentalité allemande.

La situation socio-économique est également abordée (connotations neutres et positives) par l'intermédiaire des termes *Europe* (6 %), *richesse* (4 %), *voitures* (4 %), *Mercedes* (3 %), *BMW, Mark, construction, compétence, performance économique, personnes très commerciales, prospérité, puissance européenne, technologie, urbanisation.*

Il est clairement fait allusion à une suprématie économique de l'Allemagne au sein de l'Europe avec sa compétence, son industrie automobile et sa forte monnaie (la période des enquêtes se situant avant le passage à l'euro) induisant *un niveau de vie élevé.* Mais l'on parle aussi d'immigration et plus spécifiquement des *Turcs.*

Les autres mots que l'on peut trouver dans cette catégorie caractérisent ***le cadre naturel*** avec les termes *forêt (noire)* (8 %), *verdure* (2 %), *paysage* (2 %), *environnement* (2 %), *montagne, nature* ou encore l'idéologie qui le préserve *écologie* (7 %).

La perception globalisante du peuple et du pays occupe une place privilégiée dans les représentations qu'ont les étudiants de l'Allemagne. En effet près de 34,5 % de l'ensemble des termes proposés relèvent de ce champ qui prend la place de tête.

2. Identification institutionnelle, ethnographique et aussi folklorique, gastronomique, touristique...

Cette catégorie regroupe des représentations particulièrement significatives en particulier en ce qui concerne la rubrique Gastronomie.

La gastronomie

La *gastronomie* allemande se caractérise tout d'abord par, en quelque sorte sa boisson nationale emblématique, *la bière,* qui est la plus citée 44 % de l'ensemble de cette catégorie ! et accompagne *la choucroute* (20 %), *les saucisses* (4 %), *la charcuterie* (4 %), *les pommes de terre, la charcuterie, les bretzels* et pour terminer *les pâtisseries, les gâteaux.* Les connotations attribuées à ces divers aliments sont majoritairement positives sauf pour la choucroute et les pommes de terre.

Le poncif de l'Allemand, « *franc buveur et amateur de choucroute et de bière* » (Schifres, 1998) est toujours actuel, nous le voyons encore ici.

Les traditions

Sont également mentionnées quelques traditions et plus particulièrement des fêtes comme *la fête de la bière (*3 %), *la fête du vin, le carnaval mais aussi le marché de Noël ou encore le costume tyrolien.*

L'Oktoberfest de München par sa spécificité, c'est-à-dire fête de la bière est une manifestation connue et appréciée par bon nombre d'européens. Son ouverture est d'ailleurs largement médiatisée en France puisqu'elle est présentée au cours des différents journaux télévisés. Il n'est donc pas étonnant qu'elle soit la principale tradition citée.

Le carnaval et *le marché de Noël* reflètent un caractère plutôt nordique en contraste avec les habitudes du sud des personnes interrogées. Un alsacien n'aurait en effet probablement pas évoqué ces deux derniers points en tant que mots associés à l'Allemagne car ils sont également communs à sa propre culture. En effet, le marché de Noël de Strasbourg par exemple est l'un des plus prisés de la région Alsace.

18 % des termes proposés pour qualifier l'Allemagne se situent dans cette catégorie et plus spécifiquement dans la rubrique Gastronomie.

3. Patrimoine culturel : œuvres, événements, patronymes, dates, objets...

Cette catégorie, de par son contenu, irradie toutes les autres de connotations négatives.

Les références à la Seconde Guerre mondiale sont nombreuses sur l'ensemble de cette catégorie avec : *guerre mondiale* (19 %), *camp de concentration* (2 %), *génocide* (2 %), *Shoa* (2 %), *aryen, extermination raciale, SS, uniforme* et tiennent donc encore un rôle important dans l'imaginaire collectif et les représentations de l'Allemagne qui en découlent.

L'Histoire est donc principalement évoquée à travers l'écho/la mémoire de la Seconde Guerre mondiale.

Les autres mots fréquemment rencontrés sont liés à ***la politique intérieure*** du pays : *Le mur de Berlin* (32 %), *la chute du mur* (3 %), *la réunification.* La mention de ces faits n'est pas surprenante car la destruction du mur le 9 novembre 1989 restera l'événement marquant de cette décennie et le prélude à la réunification.

Les patronymes cités ne sont pas inattendus puisque là encore on retrouve le personnage emblématique de la dernière guerre *Hitler* (17 %), et toujours rattachée à cette période l'actrice américaine d'origine allemande *Marlène Dietrich.* Littérature et musique classique se côtoient avec *Goethe* (3 %), *Schiller*, *Bach* et *Beethoven.*

Les personnages contemporains se répartissent dans ***le monde politique*** avec les Chanceliers *H. Kohl* (6 %) *et G. Schröder* appréciés de façon neutre ou positive, ***le monde artistique*** avec le chanteur engagé *Wolf Birmann* dont la mention dénote une certaine connaissance de l'Allemagne, le cinéaste *Wim Wenders* ou encore le mannequin *Claudia Schiffer.* Le monde sportif est également représenté par le joueur de tennis *Boris Becker.*

Les autres divers mots indiqués se rapportent au patrimoine culturel allemand en général avec *la musique* (5 %) et plus spécifiquement *la musique classique* ou encore *la musique militaire, la philosophie allemande* (2 %) et ses philosophes (3 %), *la littérature, puissance de l 'écriture, puissance de l'art et romantisme.*

Cette catégorie occupe la 2e place avec 26,5 % de l'ensemble des termes mentionnés.

4. Localisation géographique et/ou géopolitique. Mention de toponymes.

Les mentions de toponymes se répartissent entre noms de villes et noms de régions.

La ville de *Berlin* (16 %) est la plus souvent nommée de façon neutre ou positive. Son évocation peut être aussi bien le fruit de son attrait culturel que des événements qui s'y sont déroulés, celle-ci ayant été également citée à de nombreuses reprises en association avec le mot *mur*.

Le land le plus vaste d'Allemagne, *La Bavière* apparaît en deuxième position (9 %) avec sa capitale *Munich*. Viennent ensuite la ville de *Bonn* (3 %), *le Rhin*, *l'Alsace-Lorraine* (territoire cédé par la France en 1871 et récupéré en 1919) et l'*Est*.

On pourra remarquer que ces toponymes se rattachent tous à des circonstances précises qu'elles soient historiques ou politiques.

5. Caractérisation par la langue du pays, mots ou expressions empruntés à cette langue

Ce sont les qualifications concernant la langue qui sont les plus saillantes et apparaissent globalement connotées négativement.

Est donc évoquée *la langue* et la manière dont elle est perçue quant à ***son contenu***, *mots composés, grammaire, déclinaisons, complexité de la langue*, **sa phonétique**, *accent* (2 %), *langue gutturale* (4 %), *sonorité dure de la langue* (2 %), *âpreté de la langue* et **son apprentissage** *difficile* (4 %).

Dans ce domaine, l'on peut aborder les rédactions qui sont pertinentes et confirment cette perception :

> *L'Allemagne serait mon dernier choix, je ne me sens pas du tout attirée par ce pays. La langue y est certainement pour car je me sens incapable de reproduire ses sonorités. Elle me paraît dure et difficile à apprendre.*

> *[...] Il y a un aspect du pays qui me retient aussi, c'est la dureté de la langue, cette impression que les gens sont distants et antipathiques car ils ont une langue très dure, presque agressive.*

> *Aller en Allemagne relèverait pour moi-même d'un défi car je déteste très franchement la langue allemande que je trouve laide, froide, cassante, [...].*

Selon M. Yaguello : « Une langue est une forme et, comme toute forme, elle peut être soumise à une appréciation esthétique. [...] On parle par métaphore de «musique de la langue » et c'est en effet avant tout l'enveloppe sonore de celle-ci qui est soumise à des jugements de valeur esthétique. Il n'est pas besoin d'être locuteur de la langue en question, de la parler ni de la comprendre pour formuler ce type de jugement - au contraire. » (1988 :138)

La langue allemande est ici jugée dans son ensemble mais il est vrai que son *« enveloppe sonore »* est particulièrement concernée. Les appréciations négatives sont récurrentes et rejoignent dans leur expression celles de M. Yaguello : « [...] Point de ces sons heurtés, gutturaux, de ces accumulations de consonnes qui semblent s'entrechoquer, qu'on rencontre dans les langues germaniques ou en tchèque. »

Le jugement porté sur la notion de langue est donc majoritairement négatif alors que 26 % des étudiants interrogés la compte parmi l'une des langues étrangères qu'ils ont étudiées.

Les mots en langue allemande sont peu fréquents, *Reichtag, Oktoberfest* (cité à de nombreuses reprises dans sa version française dans le 2ème champ), *Blockhaus* et *gemütlich* sont les seuls termes cités et ne sont pas sujets à explicitations particulières.

Ce champ regroupe 4, 5 % des termes cités.

6. Allusions à la situation/relations/faits intercommunautaires.

Ce sont les termes *nazisme* (8 %) *et nazis* (8 %) qui illustrent principalement ce champ. Cette évocation du régime appliqué pendant la Seconde Guerre mondiale est une référence supplémentaire à cette époque de l'Histoire déjà longuement abordée dans notre 3ème champ. *Fascisme*, *racisme* et *néonazis* côtoient les hooligans sous une rubrique résolument négative.

Si l'on prend en compte d'autres paramètres l'on peut remarquer que la variable 'Nombre de fois' est pertinente car son examen permet de dégager une prédominance de connotations négatives dans les réponses de ceux qui ne se sont jamais rendus en Allemagne (60 %), alors que ceux y ayant voyagé laissent apparaître des connotations globalement positives ou neutres.

Espagne

1. Perception globalisante du peuple (traits physiques, comportements sociaux, religion...) et du pays (climat, cadre naturel, situation socio-économique ...)

C'est encore ***le climat*** qui est au centre de toutes les préoccupations puisque les mêmes références météorologiques reviennent fréquemment : *soleil* (37 %), *chaleur* (22 %), *chaud*, *sécheresse* et occupent une grande partie de cette catégorie !

L'Espagne nous offre donc pour commencer une image chaude et ensoleillée qui ne nous étonne pas vraiment.

Les comportements sociaux ibériques semblent tout aussi attrayants puisque les qualificatifs positifs se succèdent. En tête, *la fête* (32 %) suivie de *accueil/accueillant* (5 %), *convivialité* (5 %), *chaleureux, joie de vivre, gaieté, ambiance, bien-être, exubérance, effervescence, emphase, contact, vie populaire importante, fierté.*

Seuls quelques mots sont connotés négativement *bruit* (5 %), *machisme, négligence d'organisation et sanguin.*

La religion dominante apparaît avec seulement deux termes *religieux* et *catholicisme*.

On trouve également des caractéristiques concernant ***le cadre naturel***, peu fréquentes, puisqu'elles se limitent à la mention du *paysage* et de ses *couleurs* (4 %).

Le football est le seul ***sport*** cité.

Les mots avancés pour désigner ***la situation socio-économique*** se déclinent en *pauvreté* (3 %), *chômage, développement, pollution, immigration*.

Hormis ce dernier point, l'Espagne semble donc avoir l'apanage de la positivité. Les mots cités lui sont en effet favorables aussi bien par leur sémantisme que par les connotations qui leur sont attribuées. Ce champ représentationnel est le plus important avec 41 % de l'ensemble des termes proposés.

2. Identification institutionnelle, ethnographique et aussi folklorique, gastronomique, touristique...

L'Espagne est d'abord décrite de ***façon institutionnelle***, *royauté* (3 %), *monarchie,* mais est souvent perçue sous ***un angle folklorique*** (3 %). L'on retrouve ainsi en tête, *la corrida* (22 %) (considérée à part égale de façons positive et négative), *la tauromachie* (3 %) et *la musique* (6 %), *sévillane, tzigane* ou encore le *flamenco* (15 %) avec *ses robes à volants, ses castagnettes* et ses couleurs *rouge, jaune, noir* et enfin *la danse* (4 %).

L'indiscutable ***attrait touristique*** de ce pays ressort également des mots employés, c'est en effet tout d'abord un lieu de *vacances* (11 %), à *la richesse historique et culturelle*, avec *des monuments* sans oublier *la mer* (8 %), *la plage* (4 %) et pour terminer *les bars à tapas*.

Le facteur ***gastronomie*** n'est pas oublié et les spécialités culinaires espagnoles s'enchaînent : *paella* (31 %), *sangria* (5 %), *tortillas* (4 %), *tapas* (10 %), *tequila, chorizo, oranges, madeleine* et les termes plus généraux *de cuisine* (2 %) et *nourriture* (3 %). Il est à noter l'amalgame fait avec certaines spécialités sud-américaines (*Tequila* et *tortillas* sont d'origine mexicaine).

L'alimentation espagnole est une source non négligeable de représentations puisqu'elle occupe 34 % de cette catégorie.

Cette catégorie est riche en références et prend la 2ème place avec 37 % de l'ensemble des termes proposés.

3. Patrimoine culturel : œuvres, événements, patronymes, dates, objets...

Ce sont ***les patronymes*** qui tiennent ici le haut du pavé. Ceux-ci se répartissent entre les artistes comme *Dali* (peintre, dessinateur et écrivain) (5 %) ; *Picasso* (3 %) (peintre, dessinateur, sculpteur et céramiste), *Velazquez* et *Goya,* l'écrivain *Garcia Lorca* (poète et auteur dramatique), l'architecte *Gaudi,* le cinéaste *Pedro Almodovar* (2 %) ou encore l'actrice *Victoria Abril.* Dans le domaine de la politique apparaissent l'homme d'État *Franco* (3 %), le Roi *Juan Carlos* et *J. Aznar* et en ce qui concerne le sport le cycliste *Indurain.*

Certains ***lieux mythiques*** sont également présents, *la Sagrada Familia de Barcelone* (Église pour laquelle l'architecte Gaudi consacra la majeure partie de son existence), *les Ramblas, Le Prado* (Musée national espagnol de peinture et de sculpture installé à Madrid), *L'Alhambra* (Palais et forteresse des rois maures à Grenade) et le *musée de Dali.*

Conquistadors et *inquisition* sont les deux seuls termes relatifs à l'***Histoire*** mentionnés.

Passé et présent se côtoient donc pour nous présenter un panorama (non exhaustif) du patrimoine culturel espagnol et de ceux qui ont contribué à son enrichissement.

4. Localisation géographique et/ou géopolitique. Mention de toponymes.

Ce sont les ***villes*** qui sont le plus fréquemment mentionnées avec en tête *Barcelone* (10 %) ce qui n'est pas surprenant étant donné la proximité géographique de cette ville de Montpellier. Les congés de fin de semaine dans la capitale catalane sont monnaie courante pour les languedociens. Apparaissent ensuite *Madrid* (6 %), *Séville, Cadaques, Alméria, Saragosse* ou encore *la costa brava.*

Les ***régions*** *d'Andalousie* (8 %), de *Catalogne* et de *Galice* côtoient les *îles Baléares* et les *Canaries* de même que mer et montagne avec *Méditerranée* et *Pyrénées.*

Sont également donnés des termes plus spécifiques tels que *péninsule* et *frontalier.*

Les régions andalouse et catalane et les villes qui les composent illustrent principalement cette catégorie.

5. Caractérisation par la langue du pays, mots ou expressions empruntés à cette langue

Cette catégorie renferme un nombre limité de termes avec la *fiesta* (4 %) qui, dans sa version française occupe (32 %) du 1er champ représentationnel, *feria, toro, bodega* ou encore *la movida,* « mouvement » que l'on pourrait classer sous l'appellation « air du temps » de la compétence ethnosocioculturelle définie par Henri Boyer (1995), c'est-à-dire : « les valeurs auxquelles adhèrent, pour un moment donné, une société, son atmosphère idéologique, ses obsessions, ses peurs, ses rêves, ses engouements collectifs. »

Une nouvelle référence à l'Andalousie avec *Sevillanna* et enfin *la langue espagnole* et *son accent musical* complètent les références de ce champ.

Cette absence de termes et de références à la langue espagnole s'explique sans nul doute par le fait que 55 % des personnes interrogées la maîtrisent. La connaissance de celle-ci permet donc de la vivre : « une langue n'est pas seulement un moyen de s'exprimer, c'est aussi, c'est surtout, une façon de voir et sentir » (Green, 1987) et d'en dépasser les représentations.

6. Allusions à la situation/relations/faits intercommunautaires.

Les références sont peu nombreuses avec une allusion à l'***Histoire*** avec *la guerre civile*, plus actuel, *le terrorisme de l'E.T.A.*, *les indépendantistes* et enfin la situation linguistique de l'Espagne avec *le plurilinguisme.* Le mot l*égalisation* (connoté positivement) apparaît 2 fois, sans plus de précision, et peut donc aussi bien concerner la légalisation des drogues douces, que le retour à la démocratie après la période franquiste ou encore le désir d'une légalisation de l 'avortement.

Grande-Bretagne

1. Perception globalisante du peuple (traits physiques, comportements sociaux, religion...) et du pays (climat, cadre naturel, situation socio-économique ...)

Les références météorologiques sont variées et décrivent ***un temps*** maussade plutôt *gris/grisaille* (5 %) avec beaucoup *de pluie* (34 %), *de brouillard* (7 %), de *brume* et *bruine et de froid* (7 %). Ces qualificatifs sont tous globalement connotés négativement, exceptée la brume et c'est donc *le mauvais temps* qui occupe une part non négligeable de ce champ.

La mentalité britannique est un tableau changeant fait *d'humour* (8 %), *de flegme, de snobisme, d'excentricité, d'extravagance, d'originalité, de fête, d'effervescence, de mystère, d'étrangeté, de politesse, de sens du respect, de discipline, de retenue et de solidarité.* Mais dans ce pays de *diversité des cultures, cosmopolite, fier et austère* règnent aussi *froideur* (5 %), *distance, morosité* et peu *d'accueil* (connotés négativement).

Cette succession de termes (aux connotations aussi bien positives que négatives) illustre la variété des représentations qu'inspire ce pays.

La situation socio-économique est seulement abordée avec les termes *usines, magasins* et *chômage.*

La religion protestante apparaît avec *protestant* et *protestantisme.*

Les autres mots que l'on peut trouver caractérisent ***le cadre naturel***, *la nature, les jardins à l'anglaise, les paysages* et leur couleur dominante *le vert* (6 %).

2. Identification institutionnelle, ethnographique et aussi folklorique, gastronomique, touristique...

La Grande-Bretagne est avant tout *un royaume* (3 %) où règnent *royauté* (10 %), *monarchie, tradition* (7 %) et *couronne.*

La gastronomie britannique se caractérise surtout par ses boissons *thé* (11 %), *bière* et *whisky* simplement accompagnés *d'œufs au bacon, pudding, cake, cookies et gelée.* Et lorsqu'on parle de *nourriture* (3 %), celle-ci est *infecte* ou *exotique.*

Après avoir étanché sa soif, on prend *un bus* (3 %), *à deux étages, rouge* de préférence, avec *conduite à gauche* (3 %) ou encore *un taxi noir* et l'on part visiter *les musées, musées* d'ailleurs *gratuits, les châteaux* (3 %), observer *les gardes* du *Palais* ou regarder *les moutons* ou encore *le drapeau bleu, rouge, blanc* flottant sur *l'océan.*

Après ***le tourisme*** et la découverte ***du folklore***, place au ***sport*** avec *le football* (4 %).

3. Patrimoine culturel : œuvres, événements, patronymes, dates, objets...

Les patronymes composent en majorité ce champ représentationnel et concernent tout d'abord *la Famille royale* (connotation négative) avec *la Reine* (15 %), *Lady Di* (8 %) et enfin le couple *Charles et Diana*.

Apparaissent ensuite des ***personnalités politiques*** qui ont marqué ou marquent toujours la vie politique britannique, *Churchill*, *M. Thatcher* (Femme d'État, 1er Ministre conservateur) et *T. Blair* (6 %) (connotations positives et neutres).

Place à *la culture* (3 %) avec *sa* ***musique*** (8 %) et plus particulièrement *le rock* (5 %) et un groupe mythique les *Beatles*. ***L'écriture*** n'est pas oubliée avec *Oscar Wilde* ou encore l'intemporel *Shakespeare* (Poète dramatique anglais). La mode s'expose avec la styliste *Vivienne Westwood* ou encore les célèbres chaussures *Doc Martens*. **Le cinéma** est également représenté avec *Ken Loach*.

Pour clore ce tour d'horizon, une promenade au *Madison square garden* et une visite touristique des célèbres ***monuments*** *Big Ben* (8 %), *Buckingam Palace* (3 %), *London Tower, Tower bridge, Abbaye de Westminster* ou encore *British museum* s'avèrent incontournables. Les sportifs iront à *Winbledon* tandis que les turfistes pourront se rendre aux *courses hippiques d'Ascott*.

Le contenu de cette catégorie est varié et se présente très différemment de celui de l'Italie ou encore de l'Espagne car il se focalise plus particulièrement (en proportion) sur les patronymes des représentants de la monarchie et du gouvernement.

4. Localisation géographique et/ou géopolitique. Mention de toponymes.

La capitale, *Londres*, est la plus fréquemment citée de cette rubrique (32 %). On trouve également son quartier mythique *Soho* et ensuite les villes d'*Oxford* et *Cambridge* (connues pour leurs célèbres universités), la région des *Cornouailles, l'Écosse* (3 %), *l'Irlande* (3 %) et plus particulièrement *l'Irlande du Nord, le Pays de Galle* et le fleuve *La Tamise* (3 %).

La situation particulière de la Grande-Bretagne c'est-à-dire son *insularité, île* (7 %) est également mentionnée.

5. Caractérisation par la langue du pays, mots ou expressions empruntés à cette langue

Les mots en langue anglaise sont les plus nombreux. Dans le pays du *melting pot,* on trouve en tête *le pub* (12 %) avec son *whisky*, sa *guiness* et son *tea...* suivi de quelques spécialités anglaises *(food) pudding* (4 %), *Fish and chips* (connotée négativement), *cake, cookies, bacon and eggs ou encore jelly,* les célèbres *Bed and Breakfast ou* encore le *night club. Policeman et punk* se rencontrent au coin de la *street* (rue), dans *le fog* (brouillard) et conversent avec un *humour* british de la *pop music* sous la bannière de l'*Union Jack* (Nom familier du drapeau britannique).

La plupart de ces mots et expressions ne nous sont pas inconnus puisqu'ils sont parfois utilisés dans leur version originale dans les conversations françaises.

Seules quelques allusions à *la langue* (6 %) et à son *accent*, sans plus de précision, apparaissent.

Cette observation se rapproche de celle que nous avons déjà faite pour l'Espagne. En effet 90 % des personnes interrogées possèdent l'anglais comme langue étrangère et cette maîtrise semble donc entraîner une baisse des représentations.

6. **Allusions à la situation/relations/faits intercommunautaires.**

Cette rubrique est pauvre en références puisque s'y côtoient seulement, *le tunnel sous la Manche* (6 %) et son *Shuttle* (connoté positivement), le problème de *la vache folle* (3 %), une allusion au *nationalisme, l'IRA et ses attentats* et enfin les *hooligans.*

Italie

1. **Perception globalisante du peuple (traits physiques, comportements sociaux, religion...) et du pays (climat, cadre naturel, situation socio-économique ...)**

En ce qui concerne l'Italie aucun terme référant à un trait physique n'est mentionné.

Le climat est par contre toujours à l'honneur sous *le soleil* (13 %) et *la chaleur* (9 %).

La mentalité transalpine est une déclinaison de termes variés : *machisme/machos* (13 %) sont aussi présents que *le soleil* mais avec des connotations un peu plus négatives...que compensent *romantisme* (6 %), *charme, séduction, sensualité, galanterie, passion, nonchalance, chaleur humaine, ambiance, prestige.* Mais qui dit *latin* dit *effervescence, énergie, volubilité, gestes* (3 %) mais aussi *bruit* (3 %), *brouhaha, circulation, embouteillage, négligence de certaines règles, anarchie* voire même *corruption,* le tout connoté de façon neutre ou négative.

La situation socio-économique est abordée par l'intermédiaire de son (ex)monnaie, *la lire* (connotée négativement), de ***son industrie***, *la mode,* avec *ses vêtements de marque, ses chaussures, les grosses voitures, les motocyclettes (Vespa)* et *la richesse* en général. Une allusion à l'immigration est également faite avec le mot *clandestins.*

La religion dominante, *la chrétienneté* et *ses églises* font également partie des termes cités.

Les autres termes mentionnés caractérisent ***le cadre naturel*** avec *ses paysages, sa beauté* (4,5 %) et *ses couleurs* (4 %).

La perception globalisante du peuple et du pays occupe une place privilégiée dans les représentations. En effet, plus de 33 % de l'ensemble des termes proposés relèvent de cette catégorie qui prend la place de tête.

2. Identification institutionnelle, ethnographique et aussi folklorique, gastronomique, touristique...

La gastronomie est à l'honneur avec au menu des *pâtes* (25 %) et plus particulièrement *des spaghettis (*10 %), de *la pizza* (15 %), *des raviolis, des tomates* accompagnés *de vin*, et pour terminer *du gorgonzola, de la glace* (4 %), *du café* (4 %), de préférence *un cappucino. La nourriture, manger, l'aspect culinaire* inspirent donc particulièrement les représentations que se font les personnes interrogées de l'Italie.

L'Italie est un pays ***touristique***, un lieu de *vacances* avec *la mer, les lacs, les lagunes, la plage,* mais aussi la visite des *musées, des monuments* (4 %) *ou des ruines.*

La tradition du *carnaval* (6,5 %) et de *ses masques* rejoint ***le folklore*** des *gondoles* (7 %).

Le sport est également abordé avec *le football* (4 %) et *ses footballeurs.*

25 % des termes proposés pour qualifier l'Italie se situent dans cette catégorie et plus spécifiquement sous la rubrique ***Gastronomie***.

3. Patrimoine culturel : œuvres, événements, patronymes, dates, objets...

Les patronymes célèbres se succèdent dans les domaines de ***la peinture*** (6 %), avec *Angelico* (peintre), *Michelange* (sculpteur, peintre, architecte et poète), *Le David* (sculpture de Michelange) ou *Léonard de Vinci ;* de ***la musique*** (3 %) avec *Verdi* (compositeur) ou de ***la littérature*** avec *Pirandello* (écrivain, nouvelliste, Prix Nobel 1934) et *Pasolini* (écrivain et cinéaste).

La religion catholique prend les traits de *Jean-Paul II* (4 %) (Pape depuis le 16.10.1978).

La chanson contemporaine est représentée par *Eros Ramazotti* et plus spécifiquement ***l'opéra*** et son lieu mythique *La Scala* et quelques-uns de ses interprètes comme *Luciano Pavarotti* ou *Andrea Botelli.* Les seuls monuments cités sont la fameuse *Tour de Pise* (4 %) et le *Colisée.*

Le cinéma (4 %) est évoqué sous les traits *de Marcello Mastroïanni* ou *Claudia Cardinale* ou de films tels "Mort à Venise" ou "La vie est belle".

L'Histoire prend les traits de Mussolini et se déploie en *Antiquité et Empire romain* et plus spécifiquement apparaît *la ligue de Lombardie.* L'on retrouve également certains phénomènes naturels qui bouleversent le pays tels *les tremblements de terre.*

Les autres divers mots rencontrés dans cette catégorie se rapportent au patrimoine culturel italien en général : *La civilisation, le patrimoine* déploient leur contenu avec *l'art* (10 %), *l'architecture* (6 %), *la culture, le théâtre, la poésie,* et la *Renaissance.*

Ce champ représentationnel est riche en références variées qui le font se placer à la 3ème place avec 17 % de l'ensemble des termes mentionnés.

4. Localisation géographique et/ou géopolitique. Mention de toponymes.

Les mentions de toponymes (connotées positivement) se répartissent principalement entre noms de villes et noms de régions. La ville de *Rome* (25 %) est la plus souvent citée avec *Venise* (21 %), suivie de *Florence* (7 %), *Pise* (4 %), *Naples*, *Parme* et *Verone* et *le Vatican.* Sont également évoquées les régions de *Sicile* (3 %), *Toscane* et *Calabre.* On trouve une allusion à la forme de l'Italie avec *la botte* (7 %) et à sa situation dans *le bassin méditerranéen.*

Ce sont donc la capitale de l'Italie et la ville de son célèbre carnaval qui reviennent le plus fréquemment dans cette catégorie.

5. Caractérisation par la langue du pays, mots ou expressions empruntés à cette langue

On retrouve sous cette rubrique un certain nombre de termes faisant référence à ***la gastronomie*** avec *pasta* (5 %), *mozarella, gorgonzola, Lavazza* (café), *capuccino* ou encore *Chianti. Ferrari* côtoie le célèbre deux-roues, *la vespa* (« guêpe » en italien, en référence au bourdonnement du moteur et à sa taille fine). *Ciao, farniente, mama* ou *bellissima* sont les quelques termes de l'italien standard que l'on peut rencontrer et enfin le quinzième siècle italien, *quattrocento*, période de l'Histoire de l'art italien correspondant à cette époque.

Est également évoquée positivement *la langue* (3 %), *la langue italienne, langue chantante, musicale* avec *sa mélodie, son accent* et *ses mots en "i"*. Comme le précise M. Yaguello : « [...] L'italien bénéficie d'un préjugé particulièrement favorable en tant que langue de l'opéra (appréciation dans laquelle se mêlent l'amour de la musique et une certaine forme de snobisme : l'opéra est un genre noble).» (1988 : 138)

6. Allusions à la situation/relations/faits intercommunautaires.

Maddalena De Carlo craint que *« l'observation critique et la connaissance des phénomènes »* n'entraîne à une dérive *et que « l'on oppose à une simplification (les italiens sont tous des mafiosi) une autre simplification (la mafia n'existe pas).* » (1998 : 82)

La mafia (21 %) semble bien exister pour les personnes interrogées puisque sa présence occupe la globalité de cette catégorie. On peut néanmoins se demander si les nombreuses mentions de cette organisation ne correspondraient pas à une perception globale du pays et ne pourraient pas être classées dans le 1er champ représentationnel au même titre que *machisme, soleil* ou *beauté*.

La politique et *la drogue* sont les seuls autres termes accompagnant *mafia*.

II. LES RÉDACTIONS

(Les rédactions sont présentées sous leur numéro de classement et leur année de production)

Le champ 1, **Perception globalisante du peuple (traits physiques, comportements sociaux, religion...) et du pays (climat, cadre naturel, situation socio-économique ...)** est fréquemment sollicité dans les écrits et ce, dans le cas des quatre pays en présence.

En ce qui concerne tout d'abord l'***Allemagne***, l'analyse des rédactions corrobore les facteurs mis en évidence par les mots associés. Les connotations négatives fleurissent et l'Allemagne n'est pas la destination de prédilection des personnes interrogées. Certaines d'entre elles ont même fait le choix de ne pas développer leurs réserves à l'encontre de ce pays et de purement et simplement le nier.

Le climat et la mentalité allemandes perçus très négativement dans les mots associés se confirme avec les rédactions dont voici quelques passages révélateurs :

> *Pour l'Allemagne, surtout au Nord, se présente en plus le problème du climat. Je n'ai jamais vécu de grands froids sur des périodes étendues ou connu ce qu'est vivre avec de la neige pendant des semaines. La neige et le grand froid étant quasiment inconnus dans ma région et toujours mal vécus. (4, 1997)*
>
> *Par contre, l'Allemagne et la Grande-Bretagne sont des pays qui ne m'attirent pas du tout. Je les vois comme des pays « froids ». L'Allemagne m'apparaît comme un pays de rigueur alors que je vois la Grande-Bretagne comme un pays « à part », comme isolé. (16, 1997)*
>
> *Les Allemands en France sont comme on pense qu'ils vont être, sauf quelques exceptions. Parfois, ils sont plus fiables que nous mais ils sont très rigides.*(30, 1997)
>
> *L'Allemagne ne m'attire pas du tout, je connais surtout la rigueur froide de la grammaire de la langue et l'efficacité vitrée et sans faille de ses aéroports mais la flamme ne s'allume pas. (28, 998)*
>
> *L'Allemagne est un pays très bien organisé, structuré mais les Allemands sont beaucoup trop prévisibles [...] ils ne s'intéressent qu'au travail, n'ont aucune fantaisie et il faut y rester des années avant de pouvoir s'intégrer. (25, 1999)*
>
> *Les Allemands ne sont pas des gens que je qualifierai forcément de froids ou d'austères mais nos systèmes culturels sont opposés, par l'organisation politique et l'éducation. (47, 1999)*

Ces différents extraits illustrent parfaitement les indications obtenues par les mots associés quant à l'opinion des personnes interrogées sur l'Allemagne. Ce pays est décidément bien froid et empreint de trop de rigueur et de sérieux.

En ce qui concerne la Grande-Bretagne, la situation ne semble pas plus avantageuse puisque climat et mentalité se rejoignent dans la grisaille et l'austérité.

La Grande-Bretagne reste le pays pour lequel j'ai le moins d'attirance : j'ai une image austère de ce peuple ; des gens froids et peu accueillants. Je trouve ce pays en marge de tous les autres dans sa mentalité. Le climat n'est guère attrayant (de même que la nourriture). J'ai beau chercher mais je ne trouve aucun point positif qui pourrait m'y attirer. (2, 1997)

Quant à la Grande-Bretagne, la question est un peu complexe puisque j'adore la langue de Shakespeare mais le pays en soi ne m'attire : il y fait trop froid et je n'apprécie pas réellement la culture britannique. (13, 1997)

[...] C'est un pays froid et les gens sont assez austères. On parle de flegme britannique mais ils m'ont paru étroits d'esprit et peu enclins à la communication. (33, 1997)

Les façons de voir les choses et les comportements des Anglais ne me motivent pas à coopérer avec des gens de ce style. J'apprécie les gens ouverts, qui ont le sens de l'humour et ce n'est pas le cas de la majorité des Anglais. (1, 1999)

En revanche, la Grande-Bretagne dans le cadre d'un séjour prolongé ne m'attire pas du tout. La mentalité anglaise et la fermeture d'esprit qui la caractérisent sont à l'image de son climat pluvieux. (27, 1999)

Dans ce champ, Allemagne et Grande-Bretagne semblent bien peu attrayantes pour des raisons communes, un climat souvent peu engageant et des mentalités plutôt réservées ...

Espagne et Italie quant à elles vont se décliner en un éventail de chaleur, de véritables paradis climatiques... avec peu de réserves :

Espagne

Je choisirais l'Espagne, c'est un pays qui m'attire énormément. Il est synonyme de joie, de gaieté, de couleurs [...] et un climat avec soleil et chaleur. (16, 1997)

Le sens de la fête des Espagnols, doublé de leur sens de la sieste, s'accorde à priori assez bien avec mon style de vie. [...] Mais l'architecture des villes, fade, l'insalubrité des rues, vestiges palpables du régime franquiste, ne m'ont guère inspiré, ni donné l'envie d'y vivre. (19, 1997)

[...] Enfin l'Espagne est un pays chaud et un pays dans lequel on sent une âme, une certaine atmosphère qui m'attire. (1, 1998)

Spontanément, je choisirai l'Espagne uniquement pour une question culturelle proche de mes attentes. Tout d'abord le côté festif, le mode de vie « décalé » (manger plus tard), le côté « latin » et sans concession de l'Espagne m'attirent plus que les autres pays. (37, 1998)

Mon choix serait l'Espagne. C'est un pays dont l'ambiance me plait, les gens sont très ouverts, très agréables, c'est un pays que j'associe aux vacances, au soleil et ça permettrait de rendre mon travail moins dur. (23, 1999)

Italie

J'ai une envie assez forte de « devenir italien » pendant un an ou plus parce que j'aime les gens, la culture et l'histoire de ce pays. Jean Giono avait dit un jour « les Français sont des Italiens de mauvaise humeur. (17, 1997)

L'Italie m'attire pour son soleil, sa gastronomie, son sens exacerbé de la faconde et de l'élégance [...]. Cependant le caractère fanfaron, vantard, menteur, individualiste et combinard des Italiens ... (19, 1997)

Je choisirai l'Italie, tout d'abord parce que les Italiens sont très accueillants, très aimables. Ensuite parce qu'il fait beau et que c'est important de vivre dans un pays où l'on se sent bien. (49, 1998)

> *L'Italie est un pays méditerranéen, chaleureux. Les gens m'apparaissent comme très ouverts et faciles à aborder. Pour moi, ce pays respire la gaieté et l'insouciance. (75, 1998)*
>
> *Je crois qu'il est facile de s'y intégrer, les Italiens étant très sociables, très accueillants. Leur esprit de famille fait qu'ils ont un sens de l'honneur et du respect très marqué et très appréciable. Je crois que je m'y plairai. (25, 1999)*

L'Allemagne est décidément un pays très froid qui n'a rien à envier à la Grande-Bretagne toujours aussi grise et pluvieuse. Seules l'Espagne et l'Italie ont toutes les faveurs et sont perçues positivement autant pour leur mentalité que pour leur climat. Ces appréciations tantôt positives, tantôt négatives en fonction des pays (et qui ont valeur d'argument pour ces futurs enseignants de FLE) paraissent quelque peu étonnantes dans la mesure ou ceux-ci sont censés enseigner dans n'importe quel pays étranger.

La raison de cette vision réductrice et schématisante vient sans doute de l'origine du lieu de vie des personnes interrogées. Le Languedoc est une région du Sud, proche de l'Espagne et de l'Italie, et prendre l'habitude de vivre sous son climat agréable dans une ambiance méditerranéenne qui l'est tout autant conduit peut-être à un penchant naturel pour l'immobilisme. En effet, le départ est envisagé mais dans une perspective rassurante, on veut bien partir mais pour retrouver l'équivalent de ce que l'on vient de quitter. Alors bien sûr soleil et chaleur sont plus attractifs que pluie, froid et brouillard... Les proximités géographique et climatique constituent donc des arguments de choix.

Cette analyse conjuguée des mots associés et des rédactions vient de faire ressortir une tendance certaine à l'ethnocentrisme. Les diverses opinions que nous venons d'inventorier ont été émises en se basant sur des références familières, l'altérité de l'Espagne et de l'Italie a ainsi été appréhendée positivement du point de vue de ses ressemblances climatiques alors que l'Allemagne et la Grande-Bretagne on été rejetées pour leurs différences. Fascination et rejet caractérisent les mentalités décrites. Celles-ci sont perçues à travers le filtre qui caractérise notre propre culture et c'est sans doute la raison pour laquelle elles paraissent si tranchées.

Les rédactions renferment également une forte proportion de termes se rapportant au champ 5, **(Caractérisation par la langue du pays, mots ou expressions empruntés à cette langue).**

La langue semble se placer au centre des préoccupations puisque c'est l'autre élément pertinent qui est mis en exergue dans l'ensemble du corpus.

Posséder une compétence de communication, afin d'avoir l'opportunité d'effectuer des échanges avec « l'Autre » en minimisant les risques d'incompréhension, est l'un des sésames de la communication interculturelle :

> « La communication interculturelle, c'est d'abord un problème de communication tout court, c'est-à-dire essentiellement un problème de communication verbale. D'une façon générale, c'est le langage qui donne accès à la culture, et en particulier aux identités culturelles différentes de la nôtre. Concrètement, il est bien clair que dans le rapport à la culture de l'Autre, le premier obstacle auquel on se heurte, c'est l'obstacle de la langue, l'obstacle des langues (au pluriel). Tout commence par là : c'est la partie visible de l'iceberg. » (Ladmiral et Lipiansky, 1989 : 21)

Cette *« partie visible de l'iceberg »* est l'argument majeur avancé par les étudiants dans leurs réflexions. Leur désir d'enseigner le français à l'étranger semble être soumis à une condition : maîtriser la langue du pays d'accueil.

> *Enseigner en Allemagne ou en Grande-Bretagne me paraît presque infaisable à cause de la barrière de la langue. (5, 1997)*
>
> *J'aurais pu choisir l'Italie [...] mais je ne me serais pas sentie épanouie car je n'en connais pas la langue. (7, 1997)*
>
> *Ma faible connaissance [...] des langues italienne et allemande ne me permet pas de me diriger vers un tel choix. (12, 1997)*
>
> *Je préférerais exercer dans un lieu dont je connais la langue [...]. Il me semble plus important lorsque l'on n'a pas d'expérience d'enseignement de FLE de se sentir proche de la*

langue maternelle des apprenants pour mieux appréhender les points faibles et les divergences linguistiques et syntaxiques. (18, 1997)

Je ne peux accepter un poste ni en Italie, ni en Espagne car je ne connais pas les langues de ces pays, ce qui rendrait ma mission difficile. (4, 1998)

« L'obstacle de la langue », comme l'illustrent bien ces quelques exemples peut véhiculer l'incompréhension et entraîne ainsi ces étudiants à refuser d'enseigner leur langue dans certains pays. Maîtriser la langue du lieu d'enseignement (et donc des apprenants) a en effet été l'idée directrice de l'ensemble de leurs raisonnements. Au-delà de l'intérêt pédagogique que pourrait leur apporter dans leur enseignement la connaissance de la langue étrangère des apprenants, les étudiants craignent de ne pas comprendre, ne pas être compris et donc ne pas pouvoir s'intégrer.

Ce qui détermine mon choix c'est que l'espagnol est une langue dans laquelle je me sens à l'aise, [...]. (20, 1997)

Je domine parfaitement la langue de Cervantès, ce qui facilitera mon intégration professionnelle et, même, me rendra plus efficace dans les tâches qui me seront confiées. (34, 1997)

Je pense que j'irais en Grande-Bretagne car pour moi parler la langue du pays où l'on va est un paramètre très important, le plus important je pense. Apprendre une langue, c'est aussi appréhender une culture et apprendre à l'apprécier. (13, 1997)

La langue anglaise est pour moi comme une seconde nature parce que j'aime sa tonalité, sa musicalité et je pense que pour enseigner le Français Langue Étrangère, il vaut mieux connaître la langue de l'apprenant et plus, l'aimer, pour bien montrer que l'on ne veut pas déposséder l'apprenant de sa propre langue, mais simplement lui en apprendre une autre. (49, 1999)

Le problème de la langue étrangère est crucial pour déterminer le pays d'élection. Étant donné que je ne parle pas l'allemand et à un moindre degré l'italien, je choisirai en priorité l'Espagne. (53, 1999)

Au-delà de l'outil de communication, le langage est incontestablement un moyen d'appréhender la culture de l'Autre, la voir et la sentir afin de la comprendre et l'apprécier car

> « Le langage n'est pas seulement un instrument de communication. C'est aussi un ordre symbolique où les représentations, les valeurs et les pratiques sociales trouvent leurs fondements. (...) Les représentations et les valeurs à travers lesquelles une société construit sa vision du monde et son identité résident essentiellement dans le langage ; celui-ci est ainsi l'agent fondateur de la socialisation de l'individu et de son intégration à la culture. » (Ladmiral et Lipiansky, 1989 : 95).

« Des représentations, des valeurs et des pratiques sociales » peuvent ainsi venir troubler la communication, interférer dans son bon déroulement si l'on n'y prend pas garde. Ces représentations, nous les retrouvons dans ces rédactions sous forme de stéréotypes récurrents concernant la langue notamment en ce qui concerne l'Allemagne.

Il y a un aspect du pays qui me retient aussi, c'est la dureté de la langue, cette impression que les gens sont distants et antipathiques car ils ont une langue très dure presque agressive. (11, 1997)

Je déteste la langue allemande, je la trouve désagréable à l'oreille. (16, 1997)

Contrairement à l'allemand, par exemple, que je ne connais pas du tout et que je rejette un peu à cause de la mélodie de la langue et aussi de sa complexité. (28, 1997)

Aller en Allemagne relèverait pour moi-même d'un défi car je déteste très franchement la langue allemande que je trouve laide, froide, cassante, absolument l'inverse de l'Espagne ou des langues latines du sud. (31, 1997)

De plus la langue, très hachée, ne me plaît pas du tout. (33, 1997)

> *Je ne choisirai pas l'Allemagne parce que je n'aime pas cette langue. Je la trouve difficile, dure à prononcer, elle a une grammaire extrêmement complexe. (49, 1998)*

Ces diverses images négatives décrivant la langue allemande relèvent de ce que Louise Dabène appelle « le statut informel des langues », c'est-à-dire *l'ensemble des images présentes dans le discours ambiant, tenu par les membres du corps social* (par opposition au *«statut formel »*, plus institutionnel). Ce jugement se divise en 5 critères : économique, social, culturel, épistémique et affectif et c'est particulièrement ce dernier qui nous intéresse ici : « Il existe à l'égard de certaines langues des préjugés favorables ou défavorables qui tiennent aux aléas de l'histoire, à leur émergence sur la scène internationale et aux relations harmonieuses ou conflictuelles entre les pays où on les parle. » (1997 : 21)

Nous verrons plus loin que l'émergence des représentations négatives sur la langue allemande est une résultante du lourd passé historique liant nos deux pays.

Mais si, comme nous venons de le voir, les représentations de la langue peuvent être négatives, elles peuvent au contraire être tellement positives qu'on pourrait presque les qualifier d'« exotiques » :

> *L'Italie m'attire [...] pour la beauté quasi charnelle de la langue qui y est pratiquée [...]. (19, 1997)*
>
> *La langue est belle à mon oreille et facile. (30, 1997)*
>
> *Musique de la langue que je ne connais pas mais que j'apprendrai volontiers. (35, 1997)*
>
> *La langue italienne, langue chantante et reconnue comme étant la plus belle du monde. (36, 1997)*
>
> *De plus, la langue m'apparaît comme une chanson perpétuelle, je m'initierai à sa pratique quotidienne. (30, 1998)*
>
> *L'italien me semble proche du français et c'est de plus une langue que je trouve jolie, chantante. (31, 1998)*

Je choisirai l'Italie parce que le pays et la langue me fascinent. Je suis sensible à la prosodie de l'italien. (60, 1999)

L'idéalisation de la langue italienne semble relever à la fois de *critères affectifs et culturels*. L'Italie est en effet d'abord perçue sous l'aspect de sa richesse culturelle et il en est de même pour la langue espagnole qui « chante » et « enchante » :

Espagne *:*

Une langue qui chante et qui rythme (35, 1998)

La langue m'enchante quand j'entends « senorita », « oueblo », « rio ». J'aime bien les diphtongues de cette langue et la « Rota » (lettre de hijo).

J'aime beaucoup le timbre de la langue espagnole, j'aimerais un jour arriver à le maîtriser complètement. (14, 1999)

Les rédactions nous ont donc permis de mettre en relief l'importance apportée au « langage » dans les représentations. Celui-ci a un double statut, il est à la fois sujet et facteur de représentations. Parler de communication interculturelle signifie en effet prendre conscience de l'existence de filtres ethnosocioculturels. Nous portons des appréciations en adoptant la perspective du groupe auquel nous appartenons et qui constitue la norme pour nous : « [...] on a parfois l'impression que nos sens nous trompent, mais en fait c'est l'interprétation que nous faisons des signaux qu'ils nous transmettent qui nous leurre, parce qu'elle passe par des cribles autres que ceux de notre partenaire. » (Besse, 1984 : 48)

Plusieurs remarques émanant de ce corpus nous ont en effet confortés dans l'idée que l'appréhension de l'altérité était un des facteurs déterminants des représentations.

> « Les représentations qu'un individu ou un groupe d'individus ont d'un autre groupe informent davantage sur celui qui les formule que sur celui qui est l'objet de la formulation. » (Abdallah-Pretceille, 1983 : 43) :

Espagne

Sa culture méditerranéenne, chaleureuse, vivante se rapproche de ce que j'ai connu et de ce qui se vit encore chez nous dans le sud. (1, 1997)

De plus, j'ai vraiment eu l'impression d'être étrangère car ne comprenant pas ce que disaient les gens, je ne les comprenais pas, eux-mêmes. J'ai vraiment eu l'impression que j'étais complètement différente, que je ne pensais pas comme eux, que je n'avais aucune valeur en commun avec eux. (3, 1997)

Italie

[...] En effet, nous avons à peu près les mêmes rites, les mêmes coutumes. (11, 1997)

En effet, étant originaire du sud de la France, je suis naturellement attiré vers les pays du bassin méditerranéen. (15, 1997)

Je me sens néanmoins plus proche affectivement et spatialement de l'Espagne. (28, 1997)

Grande-Bretagne

En revanche, il m'est difficile d'accepter un emploi en Grande-Bretagne car je pense que je serais en Angleterre, confronté à un mode de vie complètement différent du mien et l'adaptation me serait difficile. La nourriture ne me semble pas très appétissante et la conduite à gauche ou encore l'eau chaude à droite du robinet ou simplement l'ouverture des pots de confiture sur la droite me semblent un raffinement trop superflu car il va à l'encontre de toutes les pratiques dans les autres pays du monde. (28, 1997)

Ces dernières observations développent une inclination des étudiants à appréhender l'altérité par la recherche de similitudes par rapport à leur propre culture.

Ce panorama des rédactions nous offre donc un éclairage plus précis des sentiments à peine dévoilés lors des mots associés. Les étudiants ont particulièrement développé les champs 1 et 5 qui semblent donc être les plus pertinents à leurs yeux.

III. INTERPRÉTATIONS

La vision spontanée des mots associés en liaison avec le contenu plus nuancé des rédactions a permis de mettre au jour un large éventail de représentations partagées par de futurs enseignants de FLE.

La variété de leur propos s'est particulièrement déployée dans **le champ 1, (Perception globalisante du peuple (traits physiques, comportements sociaux, religion...) et du pays (climat, cadre naturel, situation socioéconomique ...)** qui a été fructueux dans cette conjonction d'approches.

Les conditions climatiques ont retenu toutes les attentions et ont constitué un facteur de représentations très important en proportion et cela, semble-t-il, en raison des conditions météorologiques privilégiées dont bénéficie le sud et par là même les personnes interrogées. Le climat apparaît comme un élément à part entière de leur identité culturelle. Ce facteur que l'on pourrait qualifier de subjectif a acquis son « objectivité » dans le lien qu'ils ont établi avec le comportement des individus. Ainsi Espagne et Italie, notamment en raison de leur proximité socioculturelle, ont été perçues très positivement à l'inverse de l'Allemagne ou de la Grande-Bretagne (dans une moindre part).

Les différentes ***mentalités*** de nos congénères européens ont également été abondamment décrites. Les rédactions ont permis de découvrir que ces dernières étaient abordées du point de vue de leur altérité qui servait en quelque sorte de fondation à l'affirmation de l'identité des étudiants interrogés. La détermination de cette conduite a permis de faire surgir la problématique de la similitude et de la différence dans les rapports interculturels. C'est l'ethnocentrisme qui :

> « fait que toute perception se fait à travers une « grille de lecture » élaborée inconsciemment à partir de ce qui nous est familier et de nos valeurs propres ; cette grille opère une sorte de sélection et traduit ce qui est différent dans notre langage habituel en réinterprétant donc l'altérité dans le registre du même ou en le rejetant. » (Ladmiral, Lipiansky, 1989 : 136)

Cette définition éclaire parfaitement le processus d'appréhension de l'Autre que le classement de la grille « Champs représentationnels » a permis de faire émerger. Les étudiants veulent éviter toute situation anxiogène en recherchant la similitude, la proximité ... Comme le souligne F. Couchard : « La rencontre avec l'autre dans sa plus forte étrangeté peut provoquer un sentiment d'angoisse, l'autre ne nous ressemble pas, nous ne pouvons nous identifier à lui et la peur qu'il fait naître accentue son étrangeté. » (1999 : 16)

Le champ 2, (Identification institutionnelle, ethnographique et aussi folklorique, gastronomique, touristique...) a été plus fréquemment cité pour les pays du sud et ce dans le cadre des mots associés et s'est surtout épanoui grâce à sa rubrique ***Gastronomie*** :

Celle-ci a été particulièrement sollicitée pour l'ensemble des pays et a offert un menu varié de références.

Notre principal souci dès que nous nous éloignons de notre patrie n'est-il pas de savoir à « quelle sauce nous serons mangés »... C'est ainsi que la gastronomie arrive en tête des représentations car elle est en quelque sorte le reflet de notre propre image. La cuisine française n'est-elle pas à l'étranger l'un des symboles de la France ? Il s'avère donc indispensable d'étudier « le contenu des représentations qu'un peuple se fait d'un autre (hétéro-images), et de lui-même (auto-images). » (Ladmiral, Lipiansky, 1989 : 228).

Les représentations semblent donc bien avoir une fonction dans la constitution de l'identité. Ce fonctionnement en jeu de miroirs prend toute sa valeur lorsque nous nous penchons sur le cas de l'Allemagne et plus particulièrement sur le fort pourcentage de références qu'elle détient dans **le champ 3 (Patrimoine culturel : œuvres, événements, patronymes, dates, objets...)** par rapport aux autres pays en présence.

L'Allemagne est toujours jaugée par rapport à son passé historique. Hitler, la guerre, le génocide sont autant de termes qui constellent les représentations de l'Allemagne de connotations négatives. Les mythologies nationales entrent ici en jeu et sont la source d'interférences culturelles.

Le champ 4, (Localisation géographique et/ou géopolitique. Mention de toponymes) référence quant à lui les principales capitales européennes, les villes touristiques les plus connues et celles qui ont un écho particulier dans l'Histoire comme Berlin par exemple.

Le champ 5, (Caractérisation par la langue du pays, mots ou expressions empruntés à cette langue) que nous avons largement abordé dans le cadre des rédactions a également été fréquemment abordé dans les mots associés notamment pour la Grande-Bretagne et ce par la mention de termes anglais. Cette évocation de la langue dans son essence n'est pas étonnante compte tenu de *« son internationalisation »* (14, 1997). Au delà de ce caractère international, l'anglais s'est également glissé dans notre langue (franglais) malgré « le fétichisme » (Bourdieu, Boltanski, 1975) qui la caractérise.

> « Inscrits dans ce système de représentations des langues en général, les jugements portés sur chaque langue prise individuellement, sont encore souvent liés à l'image culturelle de l'environnement de cette dernière, véhiculée le plus souvent par les stéréotypes culturels. Si aujourd'hui personne n'adhère plus, du moins au 1er degré, aux clichés nationaux les plus grossiers, les croyances s'avèrent en revanche beaucoup plus tenaces en ce qui concerne les langues. » (Jacquart, 1997 : 178) :

aussi, comme nous l'avons précédemment remarqué les représentations ***langagières*** ont été nombreuses et plus sensiblement négatives en ce qui concerne l'allemand. Celles-ci : « sont très souvent le produit d'interférences entre images culturelles et images linguistiques (représentation de la grammaire de la langue cible, de certains traits phonétiques, etc.) ». (Jacquart, 1997 : 181)

Les principales représentations que nous venons de dégager révèlent un caractère assez rigide et une résistance certaine au changement. N'avons-nous pas déjà entendu parler d'Anglais flegmatique, d'Italien macho ou d'Allemand rigoriste ? Nous sommes face à des représentations figées que risquent de transmettre inconsciemment ces futurs enseignants. Il conviendrait donc de trouver des moyens susceptibles de les modifier afin d'instaurer un climat favorable aux échanges interculturels.

Il s'ouvre à nous la possibilité d'essayer de dépasser les stéréotypes en adoptant un regard critique sur eux. Prendre conscience de leur existence à travers l'identification de leur fonctionnement permettrait de limiter et même annuler leurs effets pervers. Dans le cadre de l'enseignement, cette stratégie se focaliserait principalement sur le concept de compétence interculturelle. L'acquisition d'une telle compétence sous-entend la mise en place d'une véritable pédagogie interculturelle mettant en scène enseignants et apprenants.

IV. Vers une pédagogie interculturelle

L'analyse des différents corpus a mis en lumière l'existence de représentations souvent figées. Ces futurs enseignants ne sont donc pas non plus à l'abri des stéréotypes interculturels et cela doit les inciter à une auto-analyse de leurs comportements. En effet, comme le souligne A. Jacquart (1997 : 176) :

> *« [...] les enseignants eux-mêmes (y compris les enseignants de L.E.) n'échappent pas aux idées reçues, stéréotypes et représentations diverses sur les langues mais qu'ils jouent au contraire, plus souvent qu'on ne le croit, le rôle d'agent de transmission de ces images [...]. ».*

Les enseignants, les formateurs doivent en quelque sorte endosser le rôle de médiateur. Ils doivent s'approprier la problématique des représentations et mettre en place des stratégies pédagogiques afin d'obtenir une mobilisation maximale du potentiel cognitif des apprenants. Leur tâche essentielle est : « d'analyser les déformations, les filtres qui entravent ou limitent les perceptions des apprenants pour lever les blocages et résistances à tout apprentissage et permettre un véritable accès au savoir. » (Billiez, 1996 : 402)

L'accomplissement de cette tâche suppose que l'enseignant ait lui-même reçu une formation appropriée, comme le préconisent J. Demorgon et E.M. Lipiansky (1999 : 5) : « Penser 'l'interculturel en formation' c'est affirmer qu'il est possible de se former à la connaissance et à la pratique de sa propre culture et, conjointement, de la culture de l'autre. »

En effet :

> « La situation de rencontre interculturelle nous plonge dans un paradoxe : reconnaître l'autre exigerait que nous nous remettions en cause, or le premier mouvement qu'entraîne la découverte de l'autre consiste à fabriquer (ou prendre en charge) un stéréotype sur cet autre, stéréotype qui nous empêche de nous regarder nous-mêmes. Ce n'est qu'en acceptant de remettre en cause nos propres valeurs que les stéréotypes peuvent éclater et faire place à l'intercompréhension. » (Charaudeau, 1995 : 17)

L'enseignant doit donc lui-même effectuer une démarche de reconnaissance de sa propre identité pour pouvoir se sentir à l'aise dans sa fonction, en effet : « L'acceptation de l'autre dans sa différence est loin d'être une attitude spontanée ; elle est le plus souvent le résultat d'un trajet difficile qui passe par la prise de conscience de l'ethnocentrisme intrinsèque de notre regard sur l'autre. » (Ladmiral, Lipiansky, 1989 : 136). Ce travail effectué, il peut mettre en place une stratégie d'apprentissage. Celle-ci peut se baser sur le concept de « regards croisés », c'est-à-dire les regards mutuels que se portent les cultures.

Il convient donc de sensibiliser l'apprenant au fait qu'il analyse ce qui l'entoure en fonction de sa propre culture. Cette prise de conscience l'aidera à combattre l'émergence de représentations négatives et à favoriser l'intercompréhension. L'enseignement pourra ainsi s'enrichir d'une véritable composante interculturelle qui pourra se décliner en diverses activités de découverte de l'autre. Ces activités pourront par exemple aborder l'implicite ou les connotations culturelles.

Une pédagogie interculturelle est une pédagogie qui considère les représentations comme des éléments constitutifs de la réalité sociale comme le définissent Ladmiral et Lipiansky (1989 : 309) :

> « Les représentations doivent être à la fois reconnues dans leur subjectivité et objectivées par la démarche des sciences humaines qui permet de les comprendre en les ramenant à leur condition socio-historiques d'émergence et en déchiffrant leur fonction dans la dynamique des relations entre nations. L'individu est ainsi amené à prendre conscience que même ses réactions les plus intimes et les plus affectives sont structurées par un imaginaire social. ».

Mettre à jour celles-ci dans l'apprentissage conduit à l'épanouissement de la communication interculturelle et par la même de la compétence qui la sous-tend.

Cette enquête a permis de confirmer l'émergence toujours tenace d'un certain type de représentations figées. Cette prise de conscience, notamment de la part de personnes se destinant à l'enseignement, pourrait permettre de réfléchir sur l'élaboration d'un programme pédagogique « réellement » interculturel, de développer une compétence interculturelle qui ne serait pas objet mais moyen.

Les représentations pourraient être une composante de l'apprentissage grâce à une démarche de « regards croisés ». Cette découverte mutuelle aurait pour point de départ l'identité de l'élève. La prise de conscience de celui-ci de sa vision filtrée du monde lui permettrait d'appréhender différemment l'altérité, d'aborder la diversité des codes culturels, d'identifier les référents (le monde), de percevoir les schèmes de communications différents Dans le cadre du FLE, cette démarche est multiple puisqu'elle toucherait à la fois l'enseignant, l'apprenant mais aussi les supports pédagogiques employés car ceux-ci sont également vecteur de représentations.

BIBLIOGRAPHIE

ABDALLAH-PRETCEILLE Martine (1983), « La perception de l'Autre. Point d'appui de l'approche interculturelle. », *Le français dans le Monde*, N°181.

ABDALLAH-PRETCEILLE Martine (1996), *Vers une pédagogie interculturelle,* Paris, Anthropos.

AMOSSY Ruth et HERSCHBERG PIERROT Anne (1997*), Stéréotypes et clichés,* Paris, Nathan.

BESSE Henri (1984), « Éduquer la perception interculturelle », *Le Français dans le Monde*, N°188.

BILLIEZ Jacqueline (1996), « Langues de soi, langues voisines : représentations entrecroisées. », *Etudes de Linguistique Appliquée,* N° 104, Paris, Didier Erudition.

BOURDIEU P., BOLTANSKI L. (1975), « Le fétichisme de la langue », *Actes de la recherche en sciences sociales*, N°4.

BOYER Henri, BUTZBACH Michèle et PENDANX Michèle (1990), *Nouvelle introduction à la didactique du français langue étrangère,* Paris, CLE International.

BOYER Henri (1995), « De la compétence ethnosocioculturelle », *Le français dans le Monde*, N°272.

BOYER Henri (1998), « L'imaginaire ethnosocioculturel collectif et ses représentations partagées : un essai de modélisation », *Travaux de didactique du FLE,* N°39, 5-14.

CHARAUDEAU Patrick (1995), *« Regards croisés », Perceptions interculturelles France–Mexique,* Paris, Didier Érudition.

COUCHARD F. (1999), *La psychologie clinique interculturelle*, Coll. Les topos, Paris, Dunod.

DABENE Louise (1997), « L'image des langues et leur apprentissage. », in : MATTHEY Marinette (Dir.), *Les langues et leurs images*, Neuchâtel, IRDP.

DE CARLO Maddalena (1998), *L'interculturel*, Paris, CLE International.

DEMORGON Jacques (1999), « Les difficultés de l'échange », in DEMORGON Jacques et E. M. LIPIANSKY (Dir.), *Guide de l'interculturel en formation*, Paris, Retz.

GREEN Julien (1987), *Le langage et son double*, Paris, Seuil.

JACQUART Alain (1997), « L'amour des langues », in *Didactique des langues étrangères/didactique des langues maternelles : ruptures et/ou continuités ?*, Cahiers de l'Asdifle N°8, Paris.

JODELET Denise (1989), Représentations sociales : un domaine en expansion, in *Les représentations sociales* (Dir.), PUF, 1990.

LADMIRAL Jean, René, LIPIANSKY Edmond Marc (1989), *La communication interculturelle*, Paris, Armand Colin.

SCHIFRES Alain (1998), « L'Europe des idées reçues », *Géo magazine*, Paris,

Prisma.

UNESCO (1995), *Stéréotypes culturels et apprentissage des langues*, Paris, Commission française pour l'UNESCO.

YAGUELLO Marina (1988), *Catalogue, des idées reçues sur la langue*, Paris, Seuil.

Eva Kotul

LES REPRÉSENTATIONS INTERCULTURELLES DANS LES MANUELS DE FLE CONÇUS EN POLOGNE ENTRE 1962 ET 1996

Introduction

Bien que par sa situation géographique, la Pologne n'ait pas de contact direct avec la France, les deux pays restent proches l'un de l'autre.

L'Histoire de la Pologne et celle de la France se sont de nombreuses fois entremêlées. Deux fois dans l'Histoire de la Pologne, des Français sont devenus rois : Henri le Valois en 1573 et Louise-Marie Gonzague de Nevers en 1645 (Rosset : 18, 41).

La France devient la terre d'accueil pour l'opposition polonaise durant la période des trois Partages. Tadeusz Kosciuszko, le dirigeant du soulèvement de Cracovie en 1746 et de la Résurrection, trouve un abri en France après la perte de son armée (Rosset 1996 : 198). Elle accueille aussi une bonne partie de la Grande Émigration polonaise au XIXe siècle (1830-1831) ainsi qu'un mouvement important d'émigration polonaise dans les mines du Nord et de Lorraine dans les années 1920-1930.

Les hommes politiques français ainsi que les écrivains s'engagent dans un soutien à la Pologne à plusieurs reprises. Au début du XIXe siècle, Napoléon répond aux aspirations des nationalistes polonais en créant le Grand-Duché de Varsovie (40 000 km^2). Dans les années 90 du XXe siècle, le président François Mitterrand cautionne la Pologne sur le plan européen. Il est à la base de trois réussites : lors de l'unification allemande il a fait pression sur le chancelier Kohl pour qu'il reconnaisse officiellement la pérennité de la frontière polono-allemande sur l'Oder-Neisse. D'autre part, il a lancé le projet de la Banque Européenne pour la Reconstruction et le Développement (BERD) afin d'aider au redémarrage de l'Europe de l'Est et le programme PHARE. Enfin, Paris a accepté de voir en Varsovie un acteur important du centre du continent et plus tard de l'ensemble européen. Ceci a été illustré par des réunions trilatérales nommées « Triangle de Weimar » germano-polono-françaises qui ont débuté en 1991.

La Pologne et les Polonais sont présents dans la littérature française. Ronsard évoque la Pologne dans Le bocage royal, *qui fait partie du* Panégiryque de la renommée. *Dans* Ubu roi *Alfred Jarry évoque la Pologne comme le pays de nulle part. À son tour, J.J. Rousseau écrit les* Considérations sur le gouvernement de Pologne et sur sa réforme projetée. *D'autres écrivains français comme Agrippa d'Aubigné dans* Les Tragiques, *Madame de Staël dans* De l'Allemagne, *Stendhal dans son* Journal *et Benjamin Constant dans* Adolphe *parlent des Polonais et des femmes polonaises. Il y a aussi de nombreuses traductions des écrivains polonais comme par exemple d'Adam Mickiewicz, de Czeslaw Milosz ou bien de Wislawa Szymborska, lauréats du prix Nobel.*

Les Polonais répondent aux témoignages des Français à leur façon. Ils écrivent par exemple en français. C'est le cas de Potocki, l'auteur du roman intitulé *Le manuscrit trouvé à Saragosse*. Avec le Général Dabrowski, ils combattent aux côtés de Napoléon lors de sa première campagne d'Italie ainsi qu'en 1806 lorsque les troupes de la Grande Armée sont entrées en Pologne. Une armée de 40 000 à 100 000 Polonais a été mise à la disposition de l'Empereur pour rester à ses côtés jusqu'à la campagne de Russie.

Depuis novembre 1997, la Pologne fait partie, en tant que membre-observateur, des pays francophones. Le rayonnement de la francophonie en Pologne se manifeste à travers les médias comme le mensuel francophone : *Le courrier de Varsovie*, le réseau câblé qui permet la réception de la chaîne *TV5*, ou bien les radios de langue française : *R.F.I.* et *France Inter*.

Les échanges politiques, culturels et économiques entre la France et la Pologne ont participé à la construction de l'image positive de la France dans l'esprit des Polonais. D'autre part, ils ont contribué et contribuent encore à la promotion et à la mise en place de l'enseignement de la langue française en Pologne.

Aujourd'hui, le français est la quatrième langue étrangère enseignée en Pologne après le russe, l'anglais et l'allemand. Selon les statistiques officielles du Bureau de Coopération Éducative pour l'année 2000-2001, la langue française est étudiée dans le primaire et le secondaire à titre obligatoire et facultatif. La réforme éducative prévue à la rentrée 2002 a pour objectif de renforcer la position du français. À partir de 2000, on observe une expansion des certifications françaises, du DELF et du DALF.

Le manuel de Français Langue Étrangère (FLE) conçu en Pologne est un outil d'enseignement privilégié par les enseignants polonais dans les années 1962 –1996. Avant le changement de système politique en 1991, il était difficile pour les Polonais de se procurer les méthodes françaises dans la mesure où le coût du voyage à l'Ouest était trop élevé et le pouvoir d'achat trop faible. Ce sont ces manuels de FLE et plus précisément les représentations présentes dans ces manuels, qui sont l'objet principal de notre réflexion.

Nous pouvons présumer que les manuels de FLE conçus en Pologne véhiculent aussi bien les représentations de la langue-culture française que les représentations de la langue-culture polonaise.

Dans la mesure où les représentations des deux réalités sont issues d'un imaginaire collectif et qu'elles ont des fondements culturels, elles deviennent des éléments constitutifs *d'une dimension interculturelle* des manuels. Par ailleurs, le manuel devient *l'espace interculturel,* le lieu de rencontre et de contact entre les deux cultures.

Quelles sont les représentations de la France et des Français dans ces manuels ? Est-ce que les manuels de FLE conçus en Pologne véhiculent uniquement les représentations de la réalité française ? Dans quelle mesure et sous quelles formes les mêmes manuels sont-ils porteurs des représentations de la Pologne et des Polonais ? Existe-t-il une relation entre les différentes représentations, le contexte socio-politique du pays et les niveaux d'apprentissage ?

Dans notre analyse, nous nous sommes inspirés de la grille proposée par H. Boyer (Boyer 2001 : 336-337). Celui-ci définit les représentations comme « des modalités d'appréhension et de décodage de la réalité ». L'usage de cette grille permet de distinguer deux grandes strates de *représentations partagées* : **la strate patrimoniale**, mythologique, emblématique, « qui intègre les représentations particulièrement stables de la francité » et qui renvoie d'une part aux grandes mythifications historiques et culturelles « nationales » comme : « les grands événements », « les grandes dates », les lieux de « mémoire », les personnages et les phrases célèbres », « les grandes » œuvres et les « grands » auteurs ; et d'autre part aux traits d'identité collective : « les groupes de mots, les devises, les slogans, les mots-témoins, les Mots à Charge Culturelle Partagée, les personnages mythiques, les monuments, les biens de consommation, les produits culturels populaires », et **la strate socioculturelle**, qui intègre les représentations actuelles comme « les grandes représentations du vécu communautaire : de l'argent, de la famille, du travail, du corps etc. » plus instables et plus ou moins soumises au stéréotypage.

D'autre part, nous avons analysé les manuels qui nous ont été accessibles. Après le changement du régime en 1991 et l'apparition des méthodes françaises sur le marché polonais beaucoup d'anciennes méthodes du FLE conçus par des Polonais ont été détruites.

La représentation de la langue–culture française.

Nous avons pu observer trois grands groupes de représentations de la langue – culture française : les représentations de la France, les représentations des Français et les représentations de la langue française.

Les représentations de la France

En ce qui concerne les représentations de la France deux images surgissent : l'image de la France – pays des traditions et l'image de la France géographique.

L'image de la France – pays des traditions se construit à partir de différents éléments :

- *les dates qui renvoient aux grands événements historiques ;*

La date du 14 juillet figure dans les manuels de tous les niveaux : « *la fête nationale française est le 14 juillet* » (Jungman 1962 : 58). Les manuels de niveau supérieur sont riches de textes évoquant des événements historiques comme par exemple la guerre civile en France – 1871 (Jungman 1962 : 285).

- *les images / symboles* ;

Au niveau secondaire la France est identifiée à Paris, la capitale du pays. Les symboles des monuments de Paris figurent sur les couvertures des manuels de niveau secondaire par exemple : le symbole de la tour Eiffel aux couleurs du drapeau français (bleu, blanc, rouge) illustre la couverture de la première partie du manuel : *Le français c'est facile !* Le symbole tricolore de l'Arc de Triomphe orne la couverture de la deuxième partie du manuel intitulée : *Un mois à Paris.* Enfin, le symbole de l'Arche de la Défense également en trois couleurs est représenté sur la couverture de la troisième partie du même manuel intitulé : *Un petit bout de France.*

Les couvertures des deux autres manuels de niveau secondaire intitulés : *Salut ! Ca va ? Tome I et Tome II* sont illustrées d'un escargot qui téléphone et qui porte une petite maison sur son dos. Ici la France est identifiée comme « le pays où l'on mange des escargots ». L'identification de la France avec le pays d'escargots n'est pas le fait du hasard. Aux yeux d'un Polonais, le fait de manger des escargots est un phénomène typiquement français. Les Polonais n'ont pas les mêmes habitudes culinaires, même s'il y a beaucoup d'escargots en Pologne.

- *les proverbes et les aphorismes* ;

Parmi ceux cités par le manuel *Jezyk francuski dla lektoratow* l'on peut remarquer les proverbes de type : « Chacun son goût », « L'union fait la force », « C'est en forgeant qu'on devient forgeron » etc. De la même façon, chaque leçon du manuel *Pour se faire comprendre en français* est enrichie d'un aphorisme.

Nous avons observé que certains aphorismes ont été arrangés à la façon polonaise. Par exemple : « Il ne faut pas montrer la vérité nue, mais en chemise » est une traduction littérale du proverbe polonais. En français nous dirions plutôt : toute vérité n'est pas bonne à dire.

- *la littérature* ;

Dans les manuels, la France est représentée comme étant LE pays de la tradition littéraire. Les textes littéraires sont abondants à tous les niveaux. Au niveau débutant et secondaire nous trouvons des textes littéraires contemporains de différents genres : des poèmes, « Au cinéma » de Guillaume Apollinaire, « Le cancre » de Jacques Prévert (Platkov 1977 : 295, 296), « Rire » de Blaise Cendras, des chansons populaires, « Plantons la vigne », « Le bon roi Dagobert » (Glanowska 1981 : 151, 321, 332), des extraits des romans, « Paris tel qu'on aime » de Jean Cocteau (Glanowska 1994 : 60), *Zazie dans le métro* de R. Queneau (Glanowska 1994 : 62).

Au niveau supérieur ce sont des textes littéraires du XVIIle et du XIXe siècle qui dominent : *Les chants du crépuscule* de V. Hugo *Le petit chose* d' A. Daudet, *Les confessions* de J.J. Rousseau, *Candide ou l'optimisme* de Voltaire, *Les Misérables* de : V. Hugo (Jungman 1962 : 172, 184, 214, 249, 262, 270), etc.

Outre l'image de la France – pays des traditions, les manuels véhiculent l'image de la France géographique. Dans tous les manuels il y a abondance de toponymes français. Au niveau débutant la France est identifiée avant tout à Paris (sa capitale). Néanmoins, au fur et à mesure que les niveaux avancent la vision de la France géographique s'élargit. Ainsi, les manuels de niveau secondaire situent l'apprenant durant les premières leçons au cœur de Paris. Ils lui proposent une promenade à travers les quartiers historiques comme *le Trocadéro, les Invalides, les Champs Élysées, Montparnasse, le Marais,* pour ensuite le guider vers d'autres régions et d'autres villes françaises comme *la Bourgogne* (Glanowska 1994 : 86), *le Languedoc-Roussillon, la région Provence-Alpes-Côte d'Azur* (Glanowska 1992 : 71, 86), *Reims* (Platkov 1977 : 243), *Paris, Marseille, Versailles,* ou bien au bord de la *Seine* (Jungman 1962 : 101).

Il faut remarquer que dans les manuels de niveau débutant les auteurs ne s'arrêtent pas à la simple évocation des différents toponymes. Ils introduisent aussi *les jugements de valeurs* par rapport aux lieux désignés. Ainsi les personnages polonais présents dans ces manuels s'exclament : *« Paris est vraiment une ville magnifique ! »* ou encore :

« Que Paris est beau ! » (Platkov 1977 : 80, 222). Ces jugements de valeur donnent une image idyllique de la France.

Dans certains manuels les toponymes français sont écrits à la manière polonaise. Nous trouvons par exemple *Pireneje* au lieu de Pyrénées ou bien *Paryz* au lieu de Paris.

Les représentations des Français.

Nous avons repéré dans les manuels plusieurs représentations des Français. Tout d'abord, nous pouvons identifier les Français par leurs noms : le directeur *« MALIN », « Monsieur LENOIR », « Madame FAROUCHE », « Pépé LE FOU », « Mademoiselle FRIVOLE », « Monsieur NOUVEAURICHE ».*

> *Monsieur Nouveauriche étudie le français depuis dix ans, mais il parle toujours comme une vache espagnole (...) Monsieur Nouveauriche parle fort bien le français (quand il est seul, bien entendu. Il est trop modeste pour parler en public).* (Godziszewski 1976 : 40).

Il s'agit ici d'une représentation humoristique des Français, la plupart des noms étant des jeux de mots. Le nom *Nouveauriche* fait aussi allusion aux Polonais qui se sont enrichis rapidement dans les années 1975-1980 et qui n'ont pas été bien vus par la société. C'est pourquoi il y a une présentation négative du personnage de Monsieur *Nouveauriche.*

Les jeunes Français sont sportifs et curieux des autres pays (Glanowska 1991 : 70, 288-289), ils voyagent beaucoup. Les Français adultes sont cultivés, ils jouent au bridge et au poker (Platkov 1977 : 11, 29, 55). En général, ils aiment se soigner (Platkov 1977 : 189), ils passent leurs vacances à la campagne, ils donnent des pourboires aux ouvreuses de théâtre, aux chauffeurs de taxi, aux garçons de café.

En ce qui concerne les goûts et les habitudes culinaires des Français d'après les manuels *« La plupart des Français fume le tabac noir », « Au petit déjeuner les Français mangent peu »* (Platkov 1977 : 135, 171). Ils sont aussi représentés comme de grands mangeurs de baguettes *(Ibid* : 143) et des buveurs du vin (Platkov 1977 : 148). Il y a un décalage culturel qui est mis en valeur. Les Polonais n'ont pas les mêmes habitudes culinaires. Ils mangent des tartines matin et soir en buvant du thé ou de la compote pendant les repas. Le vin reste toujours une boisson de luxe pour les Polonais.

Le divorce est représenté comme quelque chose de banal en France :

> *A : Je vais à Paris !*
> *B : Mes félicitations, et qu'est-ce que vous allez faire là-bas ?*
> *A : Je vais apprendre le français. C'est sûr. Et peut-être encore me divorcer.*

ou encore

> *B : Demain nous allons nous marier.*
> *A : Et après-demain ?*
> *B : Après-demain nous allons nous divorcer.*
> (Godziszewski 1976 : 72).

L'emploi du verbe *divorcer* est un calque polonais. En polonais *on ne divorce pas* mais *on se divorce.* Les auteurs, source de l'énonciation sont d'origine polonaise et il est fort probable que certains d'entre eux ne soient jamais venus en France et qu'ils aient appris la langue française uniquement dans le contexte polonais. C'est pourquoi d'ailleurs la langue cible qu'ils proposent dans les manuels est souvent approximative.

En représentant le divorce comme quelque chose de banal, les auteurs ne peuvent ignorer qu'ils provoquent un « décalage culturel » avec l'état d'esprit plus culturel que l'on trouve en Pologne. Dans le même temps, le fait de divorcer est présenté comme anecdotique (« peut-être »). Tout se passe comme si les auteurs mettaient en lumière, simultanément, un contexte français cultivé, libéré, mais aussi léger jusqu'à la pusillanimité.

La femme française représentée dans les manuels est toujours grande et mince. Elle aime bien les vêtements les chapeaux, les chaussures à talons, les mini-jupes), c'est une coquette. Elle achète beaucoup et prend plaisir à faire ses courses. Les hommes français sont galants et charmants (Platkov 1977 : 35, 43, 96, 120, 244, 309). La famille française habite dans un appartement à Paris et elle possède une maison de campagne (Glanowska 1991 : 105).

Il y a une exagération et une note humoristique dans la représentation des Français par les Polonais. D'ailleurs, toutes les représentations des Français sont illustrées par des images humoristiques : voir des exemples dans la page suivante.

Selon les différents niveaux l'image des Français n'est pas la même. Au niveau débutant par exemple, nous trouvons une image stéréotypée, idéaliste et humoristique des Français. Au niveau secondaire nous pouvons observer une tendance à donner des Français une image plus réaliste. Nous voyons les Français à travers le regard des autres. Il y a beaucoup d'extraits des documents authentiques, du journal *Paris Match* par exemple. Nous trouvons également les résultats des sondages, de l'opinion publique sur les Français (Platkov 1977 : 28, 30, 205, 209, 242). Au niveau supérieur l'image des Français est artificielle et idéologique. Les apprenants polonais peuvent connaître les Français essentiellement à travers les textes littéraires qui sont très souvent orientés idéologiquement.

Les représentations de la langue française.

Les manuels de FLE conçus par des Polonais véhiculent aussi un discours sur la langue française. C'est à travers les propos des Polonais que nous découvrons les caractéristiques de la langue française.

Les Polonais voient le français comme une langue internationale (*Ibid* : 39) qui se caractérise par : la précision, la simplicité d'expression, la clarté, la grâce, la majesté et la finesse. Un des personnages du manuel *Mowimy po francusku* constate :

> *- Eh bien, ce qui me plaît surtout dans le français c'est la précision et la simplicité de l'expression.*
> *- En effet, quand on parle de la langue française, on pense toujours à la clarté, à la précision, à la grâce, à la majesté et à la finesse de cette langue.*(Platkov 1977 : 361)

Au niveau supérieur nous trouvons des extraits des discours et des textes sur *l'universalité* et *le génie* de la langue française :

> *La syntaxe française est incorruptible. C'est de là que résulte cette admirable clarté, base éternelle de notre langue. Ce qui n'est pas clair n'est pas français. (....). Mais la langue française ayant la clarté par excellence, a dû chercher toute son élégance et sa force dans l'ordre direct : (...)* (Jungman 1962 : 325-327),

Ou encore

> *La langue française comporte en soi tout ce qu'il faut aux esprits clairs pour s'exprimer clairement. Le français recherche la précision des mots. Mots précis, mots à leur place, mots présentés sous tous leurs aspects par de délicats instruments de la pensée : tels sont les éléments de la clarté française* (*Ibid*, 328–329).

Le discours sur la langue française véhiculée par les manuels est un discours très emphatique.

Les auteurs des manuels représentent la langue française comme quelque chose de très précieux. Le fait de parler le français rend les gens heureux. « *Nous sommes tous très heureux grâce au français. C'est une très belle langue* » - affirme un des personnages. Le français est représenté également comme objet d'amour. « *Cette fois-ci il s'agit d'un amour platonique, l'amour d'une langue ! - La langue française !* ». (Godziszewski 1976 : 43).

La langue française peut donner un sens à la vie des apprenants ainsi qu'à la vie des enseignants :

> Les étudiants doivent vivre pour apprendre le français. Et quant à nous autres, les auteurs de ce manuel, eh bien, nous devons vivre pour enseigner cette langue. *(Ibid : 26).*

Parfois, nous pouvons trouver dans les manuels, surtout au niveau supérieur, un regard plus réaliste sur la langue française. Les étudiants polonais constatent : « *La langue française n'est pas difficile, mais la prononciation française présente des difficultés pour un polonais* ».(*Ibid* : 64)

Les représentations de la langue - culture polonaise.

Outre les éléments de la culture et de la réalité française, nous trouvons dans les manuels de FLE conçus par des Polonais les éléments de la réalité polonaise. Deux types de représentations de la langue - culture source sont présents dans les manuels : les représentations de la Pologne et les représentations des Polonais.

Les représentations de la Pologne.

Deux images de la Pologne se dégagent des manuels : l'image de la Pologne patrimoniale et l'image de la Pologne géographique.

L'image de la Pologne patrimoniale se construit à partir de différents éléments. Des symboles / images sont fort présents dans les manuels de niveau secondaire. Par exemple, le symbole du drapeau polonais est représenté dans le manuel *Le français c'est facile !* (Glanowska 1991 :32). Celui-ci est comparé avec le drapeau français (*Ibid* : 36). Lili, une jeune fille polonaise tient le drapeau polonais alors que Pierre - ami français de Lili - tient le drapeau français.

Les dates importantes sont présentes dans les manuels de tous les niveaux. Nous trouvons par exemple la date du 22 juillet qui est la date de l'anniversaire de la libération de la Pologne (Jungman 1962 : 59).

Enfin, les noms des grandes personnalités polonaises sont abondants surtout au niveau débutant :

> *(...) les Français connaissent les noms des Polonais illustres comme Thadée Kosciuszko, Frédéric Chopin, Jaroslaw Dabrowski, Adam Mickiewicz et Marie Curie-Sklodowska. Ce sont là des Polonais qui se sont engagés aux côtés de la France populaire. (...) Victor Hugo et Adam Mickiewicz symbolisent bien l'amitié entre nos deux peuples »* (Platkov 1977 : 329).

L'énumération des noms polonais interroge toutefois sur plusieurs points. La présumée culture générale française ne serait-elle pas surestimée ou réduite à quelques intellectuels ? Les auteurs ne se servent-ils pas de la représentation « France = culture » (qu'ils cultivent eux-mêmes) pour que les Polonais « se mirent » dans le regard français qu'ils restituent ?

Nous avons pu observer que très souvent les noms polonais sont écrits à la manière française.

pol. : Tadeusz Kosciuszko	devient en français :	*Thadée* Kosciuszko
pol. : Fryderyk Szopen	devient en français :	*Frédéric Chopin*

À son tour, l'image de la Pologne géographique se construit à partir des toponymes des régions, des toponymes des grandes villes polonaises, ainsi que les noms des frontières naturelles (géographiques) du pays.

Dans les manuels de niveau secondaire et de niveau supérieur nous trouvons les toponymes des régions de la Pologne comme : Mazurie (Glanowska 1991 : 323), la Silésie (*Ibid* : 327). Nous y trouvons également les toponymes de grandes villes polonaises comme : Cracovie, Varsovie, Poznan (*Ibid* : 54), Varsovie, Pisz, Zakopane, Gdansk, Varsovie, Gdynia, Wroclaw (*Ibid* : 323, 327, 177) ainsi que le nom de la mer Baltique qui marque la frontière du Nord du pays.

Le regard des Français par rapport à la Pologne est souvent stéréotypé. Aux yeux des Français la Pologne est un pays enneigé. Monique, une jeune fille française constate : « En Pologne il y a beaucoup de neige et beaucoup de glace en hiver » (Glanowska 1991 : 290). Cette image stéréotypée est cautionnée par Lili, jeune fille polonaise : « comme beaucoup de jeunes en Pologne, je patine, je fais du ski et de la luge » (*ibid* : 290).

Les représentations des Polonais.

Dans certains manuels nous pouvons identifier les Polonais par leurs noms. Ceux-ci ont souvent une résonance sonore qui fait penser à la Pologne. Par exemple, les personnages principaux de *Salut ! Ca va ? Tome I et II* s'appellent *POLAC* (Gajos 1996 : 18-19). Dans la langue polonaise *polak* signifie – polonais. Le personnage principal de *Le français c'est facile !* s'appelle Monsieur *POL* (Glanowska 1991 : 31). Les trois lettres de son nom font penser au nom du pays, à la *POLogne* ou bien aux habitants de la Pologne, aux *POLonais.*

Dans d'autres manuels, au niveau débutant par exemple, cette identification n'est pas aussi simple. Les personnages polonais des dialogues portent les prénoms français : Piotr (Pierre), et Franciszka (Françoise), Zuzanna (Suzanne), Henryk (Henri), Zofia (Sophie), Andrzej (André), (Platkov 1977 : 11). Nous pouvons deviner qu'il s'agit des Polonais uniquement par le contexte des dialogues. Par exemple, au début du manuel *Mowimy po francusku* Sophie prépare son voyage en France, à Paris (Platkov 1977 : 79). Elle est donc en dehors du contexte français. Au bout d'une vingtaine de leçons nous apprenons que Sophie est à Paris et qu'elle écrit une lettre à ses amis polonais :*« Je vous écris ces quelques mots pour vous dire que j'ai fait un bon voyage »* (*Ibid* : 228).

Nous trouvons dans les manuels plusieurs représentations des Polonais. Les jeunes Polonais sont sportifs (Glanowska 1991 : 29, 290) et gentils. Lili la jeune fille polonaise offre un cadeau à son ami français. Les Polonais adultes sont cultivés : Monsieur POL est un ingénieur (*Ibid* : 31). Ils s'habillent d'une manière élégante : Madame POL porte une jupe et un tailleur alors que Monsieur POL est habillé en costume cravate (*Ibid* : 37). Ils s'attachent aux fêtes et traditions chrétiennes, à la fête de Pâques par exemple :

> *- Qu'est-ce que tu fais maman ?*
>
> *- Je suis en train d'écrire des vœux. Les fêtes de Pâques approchent et il faut envoyer des cartes à toute la famille et à tous les amis.* (Glanowska 1991 : 236).

En général, les Polonais sont très motivés pour apprendre le français :

> *Je veux apprendre le français, et voilà tout ! Vouloir c'est pouvoir !*
>
> *Je veux apprendre le français, donc je peux apprendre le français !*
>
> *(...) mais Solange veut étudier la grammaire française.* (*Ibid* : 20, 23).

> *A : Je dois savoir le français le plus vite possible !*
>
> *B : (...) Pour me débrouiller en français, je dois parler tout le temps. Je dois profiter de chaque occasion pour m'entraîner.*
>
> (*Ibid* : 24, 25).

De plus, au niveau débutant l'apprenant est motivé par son futur départ pour la France :

> *A : pourquoi ? (voulez-vous apprendre le français ?)*
>
> *B : car je veux partir pour la France.* (Godziszewski 1976 : 19).

Cette volonté ardente des Polonais à apprendre le français utilise bien l'état d'esprit de l'époque à laquelle le manuel a été conçu. Avant 1981 beaucoup de Polonais voyaient en la France *un pays de Cocagne* où tout était beau et où il faisait bon vivre. C'est pourquoi ils rêvaient de venir en France. Les auteurs des manuels connaissaient très bien cet état d'esprit. Ils savaient aussi que la maîtrise de la langue française était une condition essentielle pour envisager un voyage en France. Le même voyage en France était d'ailleurs utilisé comme élément de motivation par les auteurs.

La famille polonaise est représentée comme une famille traditionnelle. Il y a presque toujours des parents, deux ou trois enfants, des grands-parents et un chien (Gajos 1996 : 58, 116). Ils sont toujours ensemble, ils voyagent et ils respectent les traditions (Platkov 1977 : 303). Les grands–parents ont aussi une image stéréotypée : « Regarde, mon grand-père a une longue moustache et ma grande mère porte un grand châle noir » (*Ibid* : 89).

En ce qui concerne les goûts et les habitudes culinaires des Polonais, ils mangent le borsch et la choucroute. Ils boivent moins que les Français pendant les repas.

> *- (...) quel est le plat national en Pologne ?*
>
> *- C'est précisément le borsch. Nous aimons aussi la choucroute que nous savons bien préparer. Mais dans notre pays (en Pologne) on boit moins pendant le repas qu'en France.*(*Ibid* : 143).

Les Polonais sont représentés comme des croyants. Il y a beaucoup d'allusions à la religion chrétienne, des clins d'œils humoristiques aux croyances des Polonais. Par exemple, *l'image de l'Ange Gardien* qui guide le petit garçon sur le pont, l'image du *diable* sous une forme humaine et de *l'enfer* situé sous la terre, l'image *du paradis biblique* avec Adam qui mange une pomme, Eve qui s'appuie contre un arbre et le serpent allongé dans l'arbre l'expression : *« Boze ! »* - mon Dieu ! - utilisée très souvent par des Polonais dans la vie quotidienne (Platkov 1977 : 11, 352, 382).

En général, les personnages français introduits dans les manuels tiennent des propos très favorables à l'égard des Polonais. Ainsi aux yeux des Français les Polonais sont doués pour les langues étrangères (*Ibid* :155) :

> *-Vous êtes polonais mais vous parlez très bien le français* (Ibid : 31).
>
> *- Tu te débrouilles bien en français* (Glanowska 1994 : 42).

Ils écrivent et parlent très bien le français :

> *- Non, je ne suis pas Française, je suis Polonaise.*
>
> *- Mais votre français est correct et vous parlez sans accent* (Platkov 1977 : 48).

Monique, jeune fille française constate : *« J'ai été conquise par l'hospitalité des Polonais »* (Glanowska 1994 : 10). Cette constatation confirme l'opinion générale selon laquelle les Polonais sont des gens accueillants. Il est vrai que dans les milieux des familles traditionnelles les invités avaient et ont encore un statut particulier en Pologne. On dit souvent à propos des invités : « Gosc w dom–Bog w dom » ce qui signifie « invité à la maison – dieu à la maison ».

Les Polonais ont aussi une bonne appréciation d'eux-mêmes : *« Je parle encore le russe, l'anglais et un peu l'allemand »* affirme un personnage polonais. Ils apprennent vite :

> - *Depuis combien de temps étudiez-vous le français ?*
> - *Depuis six mois.*
> - *Alors, mes félicitations. Vous parlez déjà très bien.* (Platkov 1977 : 49).

Le « discours » sous-jacent tendrait donc à souligner une culture française véhiculée par une langue « remarquable » en référence à une identité polonaise porteuse de valeurs humaines voire religieuses.

Les relations entre les représentations, le système sociopolitique de la Pologne et les niveaux d'apprentissage.

Nous avons pu remarquer qu'il y a un lien entre les représentations de la Pologne et des Polonais et le système sociopolitique dans lequel les manuels ont été conçus.

En 1962 la Pologne connaît le communisme national. Wladyslaw Gomulka est le premier secrétaire du Parti des Ouvriers Polonais Unis. C'est la période des grandes usines et des coopératives agricoles. Le vocabulaire utilisé dans les manuels conçus avant 1981 reflète bien l'état d'esprit de cette époque. Nous trouvons dans les manuels les expressions et le vocabulaire de type : *coopérative agricole, usine, tracteurs, les femmes travailleurs* (Jungman 1962 : 85). Les personnages polonais s'inscrivent aussi dans le contexte de l'époque. Le personnage principal du manuel *Jezyk francuski dla lektoratow* qui est un père de famille polonais travaille à « *l'usine où on fait des tracteurs* ». C'est un représentant de la classe ouvrière (*Ibid* : 46).

Entre 1960 et 1980 les Polonais voyagent peu à l'Ouest et ils apprennent les langues étrangères dans le contexte de leur propre pays. Les auteurs du manuel *Jezyk francuski dla lektoratow* insistent sur le fait que nous apprenons le français en Pologne. Durant les premières leçons ils situent l'apprenant dans le contexte polonais :

> - *Sommes-nous en France ?*
> - *Non Monsieur, nous sommes en Pologne* (Ibid : 25).
> - *C'est une université polonaise. Ce n'est pas une université française* (*Ibid* : 42).

On a l'impression qu'il ne faut pas que les élèves sortent du contexte polonais ni qu'ils s'imaginent dans le contexte français.

À partir de 13 décembre 1981 (le coup d'État) la situation politique de la Pologne change. Commence alors une période de négociations (les fameuses *Tables Rondes*) entre les représentants de l'ancien système politique et les représentants du mouvement *Solidarnosc*. Pendant presque dix ans, la Pologne est dans une phase transitoire. D'un côté il y a des restes du système communiste mais d'un autre côté il y a des petits changements dans le fonctionnement de la société polonaise.

Les manuels conçus après 1981 reflètent bien cette période transitoire. Les personnages polonais sont situés dans le contexte français. Le personnage principal du manuel *Le français c'est facile !* qui est le père d'une famille polonaise trouve un travail à Paris (Glanowska 1991 : 46) Sa fille Lili suit sa scolarité dans un lycée parisien. Il s'agit ici d'une représentation socioculturelle de la famille polonaise des années 80. Après le coup d'état de 1981 les Polonais pouvaient voyager plus facilement à l'Ouest.

En 1991, c'est l'apogée du mouvement politique *Solidarnosc*. Lech Walesa est élu président de la Pologne. C'est aussi la période du passage de la démocratie populaire à la démocratie libérale. Les manuels conçus durant cette période contiennent beaucoup de documents authentiques représentant les objets de la vie quotidienne des Français comme par exemple les photographies des cartes téléphoniques (Gajos 1994 : 42), des billets de banque, des billets de train (*Ibid* : 62), des timbres etc. L'introduction des documents authentiques dans les manuels est une marque de liberté. Le manuel de FLE devient l'outil d'une nouvelle communication. Les documents authentiques permettent aux apprenants d'accéder à une image plus réaliste de la France mais en même temps ils les obligent à regarder la Pologne. Il y a un effet de miroir.

Nous avons observé aussi que les représentations de la langue-culture française ne sont pas le fait du hasard mais qu'elles sont adaptées aux niveaux d'apprentissage. Au niveau débutant par exemple, il s'agit du premier contact des apprenants avec la langue française. C'est à ce niveau-là que se développent les premières attitudes des apprenants par rapport à la langue enseignée. Ces attitudes peuvent être déterminantes pour la continuation de l'apprentissage ou bien le rejet de la langue en question. Les auteurs des manuels de niveau débutant poursuivent cette logique. Les représentations de la langue-culture française présentes dans les manuels répondent aux objectifs de niveau débutant. Elles contribuent à l'établissement d'une relation affective entre l'apprenant et la langue française, à l'éveil et au développement de l'attitude de motivation chez les apprenants ainsi qu'au plaisir de l'apprentissage.

Les auteurs ont recours aux sentiments des apprenants. Ils introduisent dans les dialogues des expressions relevant du registre de l'amour, de la vie et de la mort. Les personnages polonais affirment :

> *A : Nous sommes tous très heureux grâce au français. C'est une très belle langue ».*
> *B : Cette fois-ci il s'agit d'un amour platonique, l'amour d'une langue !*
> *A : La langue française ? !* (Godziszewski 1976 : 43).

> *Les étudiants doivent vivre pour apprendre le français. Et quant à nous autres, les auteurs de ce manuel, eh bien, nous devons vivre pour enseigner cette langue* (*Ibid* : 26).

Pensant éveiller et développer chez les apprenants une attitude de motivation, ils introduisent les verbes de volonté :

> *Je veux apprendre le français, et voilà tout ! Vouloir c'est pouvoir ! Je veux apprendre le français, donc je peux apprendre le français !* (*Ibid* : 20)

et ils dialoguent avec les apprenants. Ils sont présents directement soit sous la forme du pronom *NOUS*, soit sous la forme du pronom *JE*.

> *Je suis certain ou plutôt nous (les auteurs de ce livre) sommes certains que vous êtes très fiers de votre connaissance de la langue française* (*Ibid* : 34).

ou encore

Mes félicitations. Vous avez été bien récompensée de la peine que vous vous êtes donné pour apprendre le français (Platkov 1977 : 262).

La voix des auteurs des manuels apparaît ponctuellement tout au long de l'apprentissage. Elle assure le rôle de fil conducteur pour les apprenants autodidactes.

Enfin, pour que le premier contact des apprenants avec la langue soit agréable, les auteurs des manuels recourent à *l'humour* et à *la langue d'origine* des apprenants. Nous avons pu repérer dans les manuels plusieurs formes d'humour :

Des histoires drôles :

A : Est-ce que je dois suivre votre conseil ?

B : Bien sûr ! Pour ne pas être malade, vous devez toujours suivre mon conseil.

A : Et qu'est-ce que je dois faire pour ne pas dépenser mon argent ?

B : Vous devez cherchez d'autres conseillers (Godziszewski 1976 : 28).

Des jeux de mots :

A : *Vous-êtes un ange, madame.*

B : Ah ça non ! Je suis encore vivante ! (*Ibid* : 121).

Ce dialogue provoque un sourire chez un Polonais dans la mesure où le mot *ange* fait penser à *après la mort physique.* Cet exemple confirme bien que l'humour dans les manuels est chargé d'implicites ancrés dans la mentalité polonaise.

Le langage des manuels de niveau débutant est simple. C'est un langage oral, courant, que l'on utilise dans les situations de la vie quotidienne. Les structures grammaticales et syntaxiques sont simples. Elles reviennent régulièrement. Il y a beaucoup d'exercices de grammaire de type structural. Dans certains manuels nous pouvons trouver à la fin de chaque unité pédagogique *les explications polonaises* concernant soit les comportements langagiers soit les connotations lexicales des différents mots.

L'introduction de la langue polonaise ainsi que des éléments de la culture polonaise au niveau débutant sont un clin d'œil fait aux apprenants polonais. C'est aussi une volonté de mettre les apprenants dans des conditions psychologiques favorables à la découverte et à l'apprentissage de la langue française. Dans ce contexte-là, l'apprentissage du Français Langue Étrangère n'est pas une aliénation par rapport aux racines des apprenants (la culture et la langue polonaises) mais un enrichissement. Au niveau débutant on fait plus *croire* aux apprenants que *voir* (Bourdieu 1982 : 137).

Les objectifs pédagogiques changent au niveau secondaire. À ce niveau, le travail est orienté vers l'établissement d'une relation de proximité entre les apprenants et la réalité française. Les représentations présentes dans les manuels de niveau secondaire répondent à cet objectif. Les personnages polonais sont situés en France, à Paris alors qu'au niveau débutant, ils étaient dans les projets du départ pour la France. En fait, les projets envisagés au niveau débutant se concrétisent au niveau secondaire. L'apprenant est invité à sortir du contexte polonais pour se situer dans le contexte français d'une part en s'identifiant avec des personnages et d'autre part par le biais des documents authentiques qui sont omniprésents.

Les exercices sont élaborés de telle sorte que l'apprenant puisse acquérir progressivement *une autonomie de plus en plus grande* (Porcher 1995 : 26). Dans la première partie du manuel *Le français c'est facile,* l'apprenant est invité à faire des exercices grammaticaux à partir d'une phrase modèle. Dans son travail il est guidé par deux types de consignes : soit en français, soit en polonais. Dans la deuxième partie du manuel il y a beaucoup d'exercices sur la compréhension écrite de type *question – réponse.* À ce niveau-là, l'apprenant est confronté aux premiers exercices d'écriture et de traduction. Toutes les consignes sont en français. Dans la troisième partie du manuel *Un petit bout de France* il y a beaucoup d'activités écrites ainsi que des exercices impliquant l'imagination des apprenants.

Il y a aussi un travail sur les attitudes et notamment sur l'attitude de motivation. Le titre de la première partie du manuel *Le français c'est facile !* va dans ce sens-là.

Au niveau supérieur, l'apprentissage du français a un caractère sérieux. L'accent est mis d'une part sur l'acquisition des connaissances des ouvrages français de référence ainsi que sur l'emploi correct des structures grammaticales. L'apprenant est situé à nouveau, comme au niveau débutant, dans le contexte polonais et il est plongé dans un univers littéraire. La réalité française est réduite à la fiction littéraire.

Il y a un peu d'humour mais celui-ci est un peu forcé. Il est imposé par les auteurs sous la forme impérative du verbe « rire » : « Rions un peu... » (Jungman 1962 : 167). Il n'est pas anodin de souligner cette « reprise » du titre assignée à certaines rubriques de type « histoires drôles » paraissant dans les hebdomadaires français des années 70/80. Peut-être s'agit-il d'approcher un quotidien au travers d'usages en vigueur dans la presse française populaire ?

Conclusion(s)

Les manuels de FLE conçus par des Polonais entre 1962 et 1996 véhiculent d'une part les représentations de la langue-culture cible qui est la langue-culture française et d'autre part les représentations de la langue-culture d'origine des auteurs de manuels c'est-à-dire : la langue-culture polonaise. Les auteurs des manuels nous proposent / imposent plusieurs images. Nous trouvons dans les manuels une représentation de la France, des Français, de la langue française mais également une représentation de la Pologne et des Polonais.

Les représentations des Français proposées dans les manuels sont très stéréotypées et à dominante apparemment positive. Les auteurs des manuels mettent en évidence les « décalages culturels » entre la France et la Pologne. En ce qui concerne les représentations de la France, celles-ci sont très stéréotypées dans les manuels conçus avant 1980. Par le biais des mêmes images, qui apparaissent à tous les niveaux, les apprenants ne peuvent connaître que les aspects culturels de la France. Après 1980, les représentations de la France deviennent plus réalistes grâce à l'introduction des documents authentiques.

De la même façon, les représentations des Polonais véhiculées par les manuels sont stéréotypées et à dominante positive. Les représentations de la Pologne sont inscrites dans le contexte sociopolitique des époques dans lesquelles les manuels ont été conçus ; par le biais de ces représentations nous pouvons connaître les évolutions de la situation sociopolitique de la Pologne depuis 1962 jusqu'à 1996.

La richesse des formes qui véhiculent les différentes représentations, les dessins / images, les textes littéraires, les dialogues, les histoires drôles ainsi que les explications polonaises témoignent d'un grand intérêt des Polonais pour la langue-culture française.

MANUELS ANALYSES

Les manuels de niveau débutant

Godziszewski Jerzy, Jomini-Balinska Irena (1976), *Pour se faire comprendre en français,* Warszawa, Panstwowe Wydawnictwo Naukowe.

Platkov A., Jaworski M. (1977), Mowimy po francusku, kurs dla poczatkujacych z kasetami[1], Warszawa, Wiedza Powszechna.

Les manuels de niveau secondaire

Gajos Mieczyslaw, Szumlewicz Teresa (1996), *Salut ! Ca va ? Tome I, kurs jezyka francuskiego dla klas I i II szkoly sredniej*[2], Warszawa, Wydawnictwa szkolne i pedagogiczne, wydanie trzecie.

Gajos Mieczyslaw, Szumlewicz Teresa (1994), *Salut ! Ca va ? Tome II, kurs jezyka francuskiego dla klas III i IV szkoly sredniej*[3], Warszawa, Wydawnictwa szkolne i pedagogiczne, wydaniepiate.

Glanowska Janina, Janicka Sabina (1991), *Le français c'est facile,* Warszawa, Wydawnictwa szkolne i pedagogiczne, wydanie osme.

Glanowska Janina, Janicka Sabina (1994), *Un mois à Paris,* Warszawa, Wydawnictwa szkolne i pedagogiczne, wydanie dziewiate.

Glanowska Janina (1992), *Un petit bout de France,* Warszawa, Wydawnictwa szkolne i pedagogiczne, wydanie drugie.

Les manuels de niveau supérieur

Jungman Feliks, Lebek Henryk (1962), *Jezyk francuski dla lektoratow*[4], Warszawa Panstwowe Wydawnictwo Naukowe.

Michalak Michal (1978), *Jezyk francuski dla lektoratow w szkolach wyzszych*[5], Warszawa, Panstwowe Wydawnictwo Naukowe.

---

[1] Les titres originaux de certains manuels sont écrits en polonais. Pour faciliter la lecture nous les avons traduits en français.
Nous parlons le français, le cours de français pour les débutants avec les cassettes est une traduction de Mowimy po francusku, kurs dla poczatkujacych z kasetami.

[2] Traduction : le cours de français pour la 1re et la 2e année de l'enseignement secondaire.

[3] Traduction : le cours de français pour la 3e et la 4e année de l'enseignement secondaire.

[4] Traduction : Le français pour les lectorats de l'enseignement supérieur.

AUTRES RÉFÉRENCES BIBLIOGRAPHIQUES

ABDELLAH-PRETCEILLE Martine, PORCHER L. (1998), *Ethique de la diversité et éducation*, Paris PUF, L'éducateur.

BESSE Henri (1995), *Méthodes et pratiques des manuels de langue,* Paris, Crédif Didier.

BOURDIER Pierre (1982), *Ce que parler veut dire,* Paris, Fayard.

BOYZON-FRADET D., CHISS J.-L. (1997), *Enseigner le français en classes hétérogènes,* Paris, Nathan pédagogie.

BOYER Henri (1998), « L'imaginaire ethnosocioculturel collectif et ses représentations partagées : un essai de modélisation », *Travaux de didactique du FLE n° 39*, Montpellier, Université Paul-Valéry.

BOYER Henri (1995), « De la compétence ethnosocioculturelle », *Le Français dans le monde* n° 272, Paris, Clé International.

BOYER Henri (2001) « L'incontournable paradigme *des représentations partagées* dans Le traitement de la compétence culturelle en français langue étrangère », *ELA 123-124.*

DWERNICKI Christophe (2000), *Géopolitique de la* Pologne, Paris, Éditions Complexe.

DUBOIS Jean, GIACOMO Mathée, GUESPIN Louis, MARCELLESI Christiane, MARCELLESI Jean-Baptiste, MEVEL Jean-Pierre (1994), *Dictionnaire de linguistique et des sciences du langage,* Paris, Larousse.

Ministère polonais de l'Éducation (2000), *L'enseignement des langues étrangères*, Warszawa.

NORMAN Davies (1986) *Histoire de la Pologne,* Paris, Fayard.

PORCHER Louis (1995), *Le Français Langue Étrangère,* Paris, Hachette.

[5] Traduction : La langue française pour les lectorats de l'enseignement supérieur.

ROSSET François (1996), *L'arbre de Cracovie,* Le mythe polonais dans la littérature française, Paris, Imago.

ZARATE Geneviève (1986), *Enseigner une culture étrangère,* Paris, Hachette.

ZARATE Geneviève (1995), « Du dialogue des cultures à la démarche interculturelle », *Le Français dans le monde* n°272, Paris, Clé International.

Annexes

Les manuels de FLE conçus par des Polonais entre 1962 et 1996.

Niveau débutant	Année de l'édition
Pour se faire comprendre en français	**1976**
Mowimy po francusku	**1977**

Niveau secondaire	
3 parties du même manuel *Le français c'est facile* *Un mois à Paris* *Un petit bout de France*	 **1991** **1994** **1992**
2 parties du même manuel *Salut ! Ca va ? Tome I* *Salut ! Ca va ? Tome II*	 **1996** **1994**

Niveau supérieur	Année de l'édition
Jezyk francuski dla lektoratow	1962
Jezyk francuski dla lektoratow w szkolach wyzszych	1978

Les symboles / images des couvertures des manuels.

Les Français.

Les Français sont de gros mangeurs de pain

Au petit déjeuner, les Français mangent peu

Voici une ordonnance rédigée
par le docteur Grégoire

Viens avec moi faire des courses

Les Polonais.

Voici un homme

Où est-ce que tu m'emmènes?

Veuillez entrer!

TABLE DES MATIÈRES

642138 - Février 2016
Achevé d'imprimer par

1livre.com
du rêve à la réalité !